# 網路金融學

蒲麗娟、張瑤 主編

崧燁文化

# 前 言

伴隨著計算機和互聯網通信技術的快速發展，現代金融和網路技術融合發展，形成了網路金融。網路金融是傳統金融與現代信息網路技術緊密結合而形成的一種新的金融形態，是網路技術革命推動下所發生的最重要的經濟變革之一，是未來金融業的發展方向。網路金融學以網路金融為主要研究對象，涵蓋了現代金融業的各個課題，包含電子貨幣、電子支付、網路銀行、網路證券、網路保險、網路期貨、風險與監管，探討其發展歷程、特點和挑戰。網路金融學不僅具有前沿的理論研究價值，同時對現實的金融活動也有巨大的指導意義。

本書以網路金融學的不同課題為劃分標準，闡述其發展歷程、基本理論、業務模式以及帶來的影響和挑戰，力圖簡潔、清晰地展現網路金融學的基礎內容，希望起到拋磚引玉的作用。

編者

# 目 錄

**第 1 章　網路金融學導論** ·················································································· (1)
　1.1　網路金融的興起 ························································································· (1)
　　1.1.1　網路經濟與電子商務 ············································································· (1)
　　1.1.2　網路金融興起的必然性 ·········································································· (2)
　1.2　網路金融的概念及性質 ················································································ (3)
　　1.2.1　網路金融的概念 ···················································································· (3)
　　1.2.2　網路金融的內容 ···················································································· (3)
　　1.2.3　網路金融的特點 ···················································································· (4)
　　1.2.4　網路金融的影響 ···················································································· (5)
　1.3　網路金融的發展狀況 ··················································································· (6)
　　1.3.1　網路金融的發展階段 ············································································· (6)
　　1.3.2　中國網路金融的發展現狀 ······································································ (7)
　延伸閱讀　商業銀行網路金融聯盟 ······································································ (9)

**第 2 章　電子貨幣** ······························································································ (11)
　2.1　貨幣的發展 ································································································ (11)
　　2.1.1　商品貨幣 ······························································································· (11)
　　2.1.2　代用貨幣 ······························································································· (12)
　　2.1.3　信用貨幣 ······························································································· (12)
　　2.1.4　電子貨幣 ······························································································· (12)
　2.2　電子貨幣的定義與特徵 ················································································ (13)
　　2.2.1　電子貨幣的定義 ···················································································· (13)
　　2.2.2　電子貨幣的特徵 ···················································································· (13)
　2.3　電子貨幣的分類與職能 ················································································ (15)
　　2.3.1　電子貨幣的分類 ···················································································· (15)
　　2.3.2　電子貨幣的職能 ···················································································· (17)
　延伸閱讀　「無現金社會」真那麼美嗎？ ···························································· (19)

## 第 3 章　電子支付 ································································· (22)
### 3.1　支付方式的發展 ···························································· (22)
#### 3.1.1　傳統支付方式 ······················································ (22)
#### 3.1.2　電子支付的興起 ·················································· (24)
### 3.2　電子支付的定義與分類 ·················································· (25)
#### 3.2.1　電子支付的定義 ·················································· (25)
#### 3.2.2　電子支付的分類 ·················································· (25)
### 3.3　電子支付系統的構成與功能 ············································ (26)
#### 3.3.1　電子支付系統的構成 ············································ (27)
#### 3.3.2　電子支付系統的分類 ············································ (28)
#### 3.3.3　電子支付系統的功能 ············································ (29)
### 延伸閱讀　電子支付首先必須解決的法律問題 ······························ (30)

## 第 4 章　網路銀行 ································································· (33)
### 4.1　網路銀行的發展 ···························································· (33)
#### 4.1.1　網路銀行發展的原因 ············································ (33)
#### 4.1.2　網路銀行的發展歷史 ············································ (34)
### 4.2　網路銀行概述 ······························································ (35)
#### 4.2.1　網路銀行的含義 ·················································· (35)
#### 4.2.2　網路銀行的特點 ·················································· (35)
### 4.3　網路銀行的模式和功能 ·················································· (37)
#### 4.3.1　網路銀行的發展模式 ············································ (37)
#### 4.3.2　網路銀行的功能 ·················································· (38)
### 4.4　網路銀行的影響和挑戰 ·················································· (40)
#### 4.4.1　網路銀行對傳統銀行的影響 ···································· (40)
#### 4.4.2　網路銀行的風險和管控 ········································· (42)
### 延伸閱讀　銀行物理網點「熱鬧」不再，未來何去何從？ ················ (44)

## 第 5 章　網路證券 ································································· (47)
### 5.1　網路證券的發展 ···························································· (47)
#### 5.1.1　網路證券的萌芽時期 ············································ (47)
#### 5.1.2　網路證券的形成時期 ············································ (47)

5.1.3　網路證券的發展時期 ……………………………………………… (47)
　5.2　網路證券概述 …………………………………………………………… (48)
　　　5.2.1　網路證券的概念 ……………………………………………………… (48)
　　　5.2.2　網路證券的特徵 ……………………………………………………… (48)
　　　5.2.3　網路證券的發展趨勢 ………………………………………………… (49)
　5.3　網路證券業務 …………………………………………………………… (51)
　　　5.3.1　網路證券業務與傳統證券業務的比較 ……………………………… (51)
　　　5.3.2　網路證券市場的運作模式 …………………………………………… (52)
　5.4　網路證券的挑戰和應對策略 …………………………………………… (54)
　　　5.4.1　網路證券的風險 ……………………………………………………… (54)
　　　5.4.2　發展網路證券的對策建議 …………………………………………… (55)
　延伸閱讀　遊走在監管邊緣的互聯網證券：多達百家存風險 ……………… (56)

# 第6章　網路保險 …………………………………………………………… (60)
　6.1　網路保險的產生和發展 ………………………………………………… (60)
　　　6.1.1　網路保險的產生 ……………………………………………………… (60)
　　　6.1.2　網路保險發展的成因 ………………………………………………… (61)
　6.2　網路保險概述 …………………………………………………………… (62)
　　　6.2.1　網路保險的概念 ……………………………………………………… (62)
　　　6.2.2　網路保險的特徵 ……………………………………………………… (63)
　　　6.2.3　網路保險的優勢 ……………………………………………………… (63)
　6.3　網路保險業務 …………………………………………………………… (66)
　　　6.3.1　網路保險的業務模式 ………………………………………………… (66)
　　　6.3.2　網路保險的基本業務 ………………………………………………… (67)
　6.4　網路保險的風險管理 …………………………………………………… (68)
　　　6.4.1　網路保險監管的必要性 ……………………………………………… (68)
　　　6.4.2　網路保險風險管理的內部控製 ……………………………………… (69)
　延伸閱讀　微信錢包新設保險入口　對標螞蟻金服 ………………………… (70)

# 第7章　網路期貨 …………………………………………………………… (73)
　7.1　期貨的產生與發展 ……………………………………………………… (73)
　　　7.1.1　物物交易 ……………………………………………………………… (73)

7.1.2　現貨交易 …………………………………………………………… (73)
　　　7.1.3　期貨交易 …………………………………………………………… (74)
　　　7.1.4　網路期貨發展的原因 ………………………………………………… (75)
　7.2　網路期貨概述 …………………………………………………………………… (76)
　　　7.2.1　網路期貨的概念 ……………………………………………………… (76)
　　　7.2.2　網路期貨的發展階段 ………………………………………………… (76)
　　　7.2.3　實現網路期貨交易的條件 …………………………………………… (77)
　　　7.2.4　網路期貨的特徵 ……………………………………………………… (77)
　　　7.2.5　網路期貨的功能 ……………………………………………………… (78)
　7.3　股指期貨 ………………………………………………………………………… (80)
　　　7.3.1　股指期貨的發展 ……………………………………………………… (80)
　　　7.3.2　股指期貨的含義與特點 ……………………………………………… (83)
　　　7.3.3　股指期貨的功能 ……………………………………………………… (83)
　　　7.3.4　股指期貨的作用 ……………………………………………………… (84)
　延伸閱讀　解讀金融期貨強制減倉制度 …………………………………………… (84)

# 第8章　網路金融風險與監管 …………………………………………………… (87)

　8.1　網路金融一般風險 ……………………………………………………………… (87)
　　　8.1.1　市場風險 ……………………………………………………………… (87)
　　　8.1.2　流動性風險 …………………………………………………………… (87)
　　　8.1.3　信用風險 ……………………………………………………………… (88)
　　　8.1.4　操作風險 ……………………………………………………………… (88)
　8.2　網路金融特殊風險 ……………………………………………………………… (88)
　　　8.2.1　網路金融的技術風險 ………………………………………………… (88)
　　　8.2.2　網路金融的業務風險 ………………………………………………… (90)
　8.3　網路金融風險的成因、特點及爆發 …………………………………………… (91)
　　　8.3.1　網路金融風險的成因 ………………………………………………… (91)
　　　8.3.2　網路金融風險的特點 ………………………………………………… (92)
　　　8.3.3　國際網路金融風險的爆發 …………………………………………… (93)
　8.4　網路金融監管的複雜性 ………………………………………………………… (94)
　　　8.4.1　網路金融的虛擬性增加了檢查難度 ………………………………… (94)
　　　8.4.2　法律缺位問題 ………………………………………………………… (94)

  8.4.3　網路金融機構的跨國界經營帶來了新的挑戰 ……………… (95)
  8.4.4　網路金融發展對監管機構的技術水平和裝備提出了高要求 …… (95)
  8.4.5　對網路金融監管的力度把握同樣較為困難 …………………… (95)
 8.5　網路金融監管的目標與原則 ……………………………………………… (96)
  8.5.1　網路金融監管的目標 ……………………………………………… (96)
  8.5.2　網路金融監管的原則 ……………………………………………… (96)
 8.6　網路金融監管的內容與措施 ……………………………………………… (97)
  8.6.1　網路金融監管的內容 ……………………………………………… (97)
  8.6.2　網路金融監管的措施 ……………………………………………… (99)
 延伸閱讀　餘額寶與傳統銀行真正競爭或許剛剛開始 ……………………… (101)

## 第9章　網路金融行銷 ……………………………………………………… (105)

 9.1　網路金融產品行銷 ………………………………………………………… (105)
  9.1.1　網路金融產品行銷的內涵 ………………………………………… (105)
  9.1.2　網路金融產品行銷分析 …………………………………………… (105)
  9.1.3　網路金融產品的行銷管道開發 …………………………………… (107)
 9.2　網路金融服務行銷 ………………………………………………………… (108)
  9.2.1　網路金融服務行銷的要素特徵 …………………………………… (108)
  9.2.2　網路金融服務的行銷模式 ………………………………………… (109)
 延伸閱讀　央行約談螞蟻金服提三要求　宣傳禁用「無現金」字眼 ……… (112)

# 第1章　網路金融學導論

## 1.1　網路金融的興起

### 1.1.1　網路經濟與電子商務

#### 1.1.1.1　網路經濟

　　網路經濟作為一種新的經濟形態，不僅僅指以計算機網路為核心的一種新行業經濟，或因此而衍生的一些相關行業，還包括以經濟全球化為背景，以現代電子信息技術為基礎，以國際互聯網為載體，以電子商務為主導，以仲介服務為保障，以人力資源為核心，以不斷創新為特點，實現信息、資金和物資的流動，促進整個經濟持續增長的全新的社會經濟活動和社會經濟發展形態。

　　網路經濟的核心資源是信息，網路正是信息成為核心經濟資源的基礎設施。計算機網路在時間和空間上的無限性和自由性為信息的獲取、加工和傳遞提供了最大的便利，從這一角度來看，網路經濟是信息經濟。而網路經濟的關鍵運作是服務，包括金融服務。所以網路經濟當前的主導行業是信息產業和服務業，包括金融業。隨著網路的發展，它將滲透到各個行業，最終或許找不到一個與網路沒有關係的行業。因此，網路經濟是信息經濟和服務經濟兩者的合一。

　　網路經濟作為一種全新的經濟形態，正在形成過程之中，目前來說還是一種趨勢經濟，還沒有成為現實世界的主流經濟。但從網路經濟的發展現狀來看，網路經濟的一些特徵已顯現出來，主要表現為成本優勢、規模經濟、知識經濟、虛擬的數字化經濟、風險經濟和全球化等。從以上網路經濟的特徵可以看出，網路經濟的實質是通過不斷進步的技術創新手段，連接全球的生產、分配、交換和消費網路，改變生產要素的組合方式，降低交易成本，促進結構調整和生產率提高，逐步實現以信息科技進步為主要推動力的經濟增長方式。要實現這個目的，以市場開放和體制改革為核心的經濟治理就變得十分重要。而作為現代經濟核心的金融業和社會資金運動中樞的銀行業是國家的綜合性管理部門，是政府實施宏觀調控職能的重要執行和傳遞部門，因此，在網路經濟條件下金融治理就顯得更為重要。

#### 1.1.1.2　電子商務

　　電子商務是指利用計算機和互聯網通信技術，在電子空間所進行的各種商業貿易活動，包括消費者的網路購物、商戶之間的網路交易和在線電子支付以及各種相關的

商務活動、交易活動、金融活動和服務活動，是網路時代的一種新型商業營運模式。電子商務一般可分為企業對企業（business-to-business）、企業對消費者（business-to-customer）和消費者對消費者（customer-to-customer）這三種模式。

電子商務將傳統的商務流程電子化、數字化，大量減少了傳統商務流程中的人力、物力投入，降低了交易成本。電子商務在網路空間中運行，使得交易活動超越了時間和空間的限制。電子商務重新定義了傳統的流通模式，在多個產業減少或消除了中間環節，使得大量在傳統商務模式下不可能進行直接交易的供需方成為可能，從而在一定程度上改變了整個社會經濟運行的方式。正是由於其所擁有的諸多優勢，電子商務在近年來飛速發展壯大，並深刻地影響了全球商務的發展格局。

隨著互聯網使用人數的增加，電子商務網站層出不窮，電子商務的市場份額也在全球各地迅速增長。儘管電子商務目前在整個經濟中所佔的比重還不大，但增速超快，已達到兩位數字增長。例如，在美國湧現出了一批諸如亞馬遜書城、戴爾等著名的電子商務公司，在中國，諸如阿里巴巴、騰訊商城、京東商城等也取得了令人矚目的市場份額和利潤。

電子商務的發展為金融業帶來了新的發展機遇。例如，作為電子商務的一個重要環節，電子支付負責電子商務交易中的資金流動，最終須由金融業來執行。儘管傳統金融中也處理各種交易行為中的資金支付和結算，但電子商務對此提出了更新、更高的要求。電子商務的支付和結算要求是實時性、電子化、網路化的，而這也將推動金融業提供任何時間（anytime）、任何地點（anywhere）、任何形式（anyhow）的3A服務。包含電子支付在內的網路金融是電子商務得以實施的必要條件，同時電子商務也推動了網路金融的進一步發展。

### 1.1.2　網路金融興起的必然性

網路經濟的發展為金融業提供了新的服務領域和服務方式，由於金融交易實際就是無形的信息流的交流，不涉及有形的、高成本的物流配送系統；金融交易有很強的時效性；金融交易的網路化將為網路經濟提供便捷的支付方式，促使網路經濟的發展，因而電子商務在金融領域是最有用武之地的。網路金融的發展是網路經濟和電子商務發展的內在規律所決定的，有其必然性，表現在以下三方面。

第一，網路金融是電子商務體系中必不可少的一環。完整的電子商務活動一般包括商務信息、資金支付和商品配送三個階段，表現為信息流、物流和資金流三個方面。銀行能夠在網路提供電子支付服務是電子商務中最關鍵的要素和最高層次，起著聯結買賣雙方的紐帶作用。可見，網路金融將是未來金融業的主要運行模式。這種轉變是必然的，因為電子商務開創了一個新的經濟環境，這種新的環境需要金融業的積極參與才能很好地發展，同時金融業只有適應這一環境的變化才能獲得在未來電子化社會中生存和發展的機會。

第二，電子商務的發展改變了金融市場的競爭格局，從而促使金融業走向網路化。電子商務使網路交易擺脫了時間和空間的限制，獲取信息的成本比傳統商務運行方式大大降低，表現在金融市場上就是直接融資的活動比以前大大增加，金融的資金仲介

作用被削弱。電子商務的出現動搖了傳統金融行為在價值鏈中的地位，使傳統金融機構失去了在市場競爭中所具有的信息優勢。

第三，降低成本使網路金融產生巨大的吸引力。建立起一個金融網站，可以做到每天應對數以萬計的用戶查詢和交易業務而不降低服務質量，同時使交易成本大大降低。電子商務的發展使金融機構大大降低了經營成本，提高了經營效率，這是網路金融得以出現並迅速發展的主要原因。

## 1.2 網路金融的概念及性質

### 1.2.1 網路金融的概念

網路金融，又稱互聯網金融，是計算機網路通信技術和金融的有機結合，是以計算機通信網路為支撐的各項金融活動、制度和行為的總稱，包括電子貨幣、電子支付、網路銀行、網路證券、網路保險、網路期貨以及網路金融安全、管理和政策等內容。網路金融是傳統金融與現代信息網路技術緊密結合而形成的一種新的金融形態，是網路技術革命推動下所發生的最重要的經濟變革之一。

### 1.2.2 網路金融的內容

網路金融的內容是網路金融活動所涉及的業務和涵蓋的領域，從其所包含的範圍來看，可以分為狹義的和廣義的網路金融。從狹義上來說，網路金融是金融與網路技術相結合的產物，包括網路銀行、網路證券、網路保險、網路期貨、網路支付與結算等相關的金融業務內容。從廣義上來說，網路金融就是以網路技術為支撐，在全球範圍內的所有金融活動的總稱，它不僅包括狹義的內容，還包括網路金融安全、網路金融監管等諸多方面。網路經濟時代對金融服務的要求可以簡單概括為：在任何時間、任何地點、以任何方式（3A）提供全方位的金融服務。顯然，這種要求只能在網路上實現，而且這種服務需求也迫使傳統金融業的大規模調整，主要表現在更大範圍內、更高程度上運用和依託網路拓展金融業務，而且這種金融業務必須是全方位的，覆蓋銀行、證券、保險、理財等各個領域的「大金融」服務。目前網路金融服務的主要內容包括網路銀行、網路證券、網路保險三個方面。

#### 1.2.2.1 網路銀行

網路銀行就是利用計算機和互聯網技術，為客戶提供綜合、適時的全方位銀行服務，相對於傳統銀行而言，它是一種全新的銀行服務手段或全新的企業組織形式。其特徵主要有三個。第一，依託互聯網技術是網路銀行與傳統銀行的根本區別。傳統意義上的銀行雖然也利用計算機和網路技術，但一般都是封閉的、旨在改進銀行內部業務管理的單機系統、局域網系統，以及專用的廣域網系統。第二，因為利用互聯網技術，網路銀行為客戶提供的服務可以超越時間與空間的限制。第三，網路銀行不需要在各地區設立龐大的物理分支機構來維持或拓展業務，這使網路銀行的分銷渠道、企

業組織和人力資源構成等都與傳統銀行不同。

#### 1.2.2.2 網路證券

與網路銀行類似，網路保險是指保險公司以互聯網和電子商務技術為工具來支持保險經營活動的經濟行為。與傳統保險業相比，具有虛擬性、直接性、時效性三個特性。第一，虛擬性，開展網路保險不需要具體的建築物和地址，只需要申請一個網址，建立一個服務器，一切金融往來都是以數字形式在網路上得以進行。第二，直接性，客戶可以主動選擇和實現自己的投保意願，並可以在多家保險公司及多種產品中實現多樣化的比較和選擇。第三，時效性，網路使得保險公司隨時可以準確、迅速地為客戶提供所需的資料，客戶也可以方便、快捷地訪問保險公司的客戶服務系統，實現實時互動。

#### 1.2.2.3 網路保險

網路證券交易通常是指券商或證券公司利用互聯網等網路信息技術，為投資者提供證券交易所的實時報價、查找各類與投資者相關的金融信息、分析市場行情等服務，並通過互聯網幫助投資者進行網路的開戶、委託、支付、交割和清算等證券交易的全過程。它使實時證券交易活動得以實現。

### 1.2.3 網路金融的特點

與傳統金融相比，網路金融具有一些獨有的特點，可以歸納為網路化和虛擬化、高效性和經濟性、透明化和非仲介化。

#### 1.2.3.1 網路化和虛擬化

網路金融體現了網路化與虛擬化特點。從本質上說，金融市場是一個信息市場。在這個市場中，生產和流通的都是信息；貨幣是財富的信息，價格是資產價值的信息，金融機構所提供的仲介服務、金融諮詢顧問服務等也是信息。網路金融借助互聯網通信技術，為傳統金融引入了更符合其信息特性的網路化運作。信息的網路化流通，相比傳統的流通方式更高效、快捷，大大提升了金融的運作水平。同時，網路金融也虛擬化了金融的實務運作。

#### 1.2.3.2 高效性和經濟性

網路金融的運行具有高效性與經濟性。與傳統金融相比，網路金融借助於網路技術的應用，創新性地變革了金融信息和業務處理的方式，大大提高了金融系統化和自動化程度，突破了時間和空間的限制，從而有能力為客戶提供更豐富多樣、主動靈活、方便快捷的金融服務，大幅度地提升了服務和營運水平，既提高了效率，又降低了成本。

#### 1.2.3.3 透明化和非仲介化

網路金融的信息流動和交易具有透明化和非仲介化特徵。網路金融的出現極大地提高了金融市場的透明度。網路技術的發展使得金融機構能夠快速高效地處理和傳遞

大規模信息，從而向客戶提供更多的產品信息和服務信息。同時，信息的網路傳遞不是單向的，而是多向的交互式的傳遞。整個市場由於信息的順暢傳遞而顯現出透明化的趨勢。此外，網路技術的廣泛應用使得金融機構和客戶更有可能繞過傳統仲介進行直接交易。金融市場中供求雙方可以通過網路直接接觸、交流和交易，仲介的作用在很大程度上被削弱，非仲介化也是網路金融的另一個趨勢和特性。

### 1.2.4 網路金融的影響

網路金融的產生和發展，改變了傳統金融的組織形式和運作模式，對整個金融業產生了極為深刻的影響，大致可以分為對金融機構、對中央銀行和對金融監管三方面的影響。

#### 1.2.4.1 網路金融對金融機構的影響

網路金融對金融機構的運行與經營管理產生了顯著的影響。網路金融的網路化運行機制使得金融機構能為客戶提供更高效率、更好質量、更大範圍的金融服務。例如，網路銀行相比於銀行櫃臺、櫃員機及電話銀行，提供了更為靈活多樣的服務。網路金融使得金融機構可以突破經營場所和人力資源等因素的制約，高效率地服務於更多客戶。客戶在任何有互聯網網路的地點登錄網路銀行，無須等待即可辦理查詢、轉帳、交易、投資等各項業務。客戶不受物理地址的限制，不必親自到銀行營業點，也不受營業時間的限制，可以方便、快捷地得到全天候的服務。

網路金融幫助金融機構大幅度地降低了營運成本和服務費用。金融網路化可以大幅度降低金融機構的經營成本。尤其是網路銀行，其具有市場覆蓋面廣和經常性支出少的絕對優勢，它代表了未來銀行的發展方向。據調查，網路銀行的經營成本僅占其經營收入的15%~20%，而相比之下，傳統銀行經營成本占其經營收入的60%以上。

網路金融也使得不同金融機構之間、金融機構和非金融機構之間的界限越發趨於模糊，金融非仲介化加劇。網路經濟的發展使得金融機構能夠快速地處理和傳遞大規模的信息，原來體制下嚴格的專業分工將經受強烈的衝擊，各種金融機構提供的服務日趨類似。同時，非金融機構同樣也有實力提供高效便捷的金融服務。大的網路公司，國外如Yahoo、AOL及微軟，國內如阿里巴巴、騰訊及百度等，也紛紛借助已有的網路優勢進入金融領域，蠶食傳統的金融業務並挖掘新的金融業務。傳統金融企業的競爭對手今非昔比，金融與非金融的差別日益模糊。

更為重要的是，網路金融促進了金融機構持續的創新。在傳統金融機制下，金融機構更多地以資金為籌碼、以規模為槓桿建立並鞏固競爭優勢。但在網路金融體系中，金融產品更新換代速度加快，金融產品的生命週期大大縮短，這使得創新的作用凸現，不斷創新才是贏得競爭優勢的重要手段。信息網路技術的迅猛發展對金融創新提出了更高的要求。例如，摩爾定律指出，自從20世紀60年代以來，計算機芯片的功能每18個月翻一番，而價格以減半的速度下降。這樣日新月異的技術進步要求金融機構不僅要精於業務創新，還要關注技術更新，充分利用新技術帶來的業務創造機遇，只有這樣才能在競爭中立於不敗之地。

#### 1.2.4.2 網路金融對中央銀行的影響

網路金融的發展對中央銀行的職能和貨幣政策執行也產生了深遠的影響。與傳統貨幣相比，電子貨幣是一種具有「內在價值」的「競爭性」的貨幣。傳統的貨幣本身不具有「內在價值」，由中央銀行或貨幣當局統一供給。而到目前為止，尚未有任何一家中央銀行壟斷電子貨幣的發行權。許多銀行甚至非金融機構承擔了電子貨幣的發行任務，而消費者可以自主選擇購買或使用哪種電子貨幣。正因如此，電子貨幣是一種高效的流通手段，卻缺乏傳統貨幣所具有的價值尺度和儲藏手段職能。

電子貨幣帶來了不同的貨幣供給機制，衝擊了傳統的貨幣供給機制。在網路金融中，出現了電子貨幣的供給和中央銀行貨幣的供給這兩種不同的貨幣供給機制，它們相互區別、相互影響，共同構成了網路金融下的貨幣供給體系。在電子貨幣存在的情況下，社會貨幣供給總量包括三部分，即中央銀行貨幣供給量、電子貨幣供給量和重複計算的修正量。電子貨幣的出現將直接影響中央銀行發行基礎貨幣的數量，並通過貨幣乘數對貨幣供應量產生巨大影響。同時，電子貨幣通過作用於貨幣的流通速度、需求動機及利率水平等幾個因素，對社會貨幣需求產生了深遠的影響。隨著網路金融的不斷發展和電子貨幣的普及，如何建立合理而有效的貨幣政策成為央行和金融機構要面臨的一個重大難題。

#### 1.2.4.3 網路金融對金融監管的影響

網路金融的發展使金融監管制度面臨新的挑戰。網路金融在運行過程中不僅存在傳統金融中的一般風險，還面臨著一些特殊風險。其中，一般風險包括流動性風險、市場風險、信用風險、操作風險等；特殊風險則包括技術風險、業務風險和法律風險等。同時，網路金融下的金融體系整體脆弱性增強，金融體系出現新的信息不對稱，各種風險被放大。這些都增加了金融監管的難度，網路金融監管的相關法規體系亟待完善。因此，在這樣的背景下，為了防範和化解各種金融風險，避免金融市場的動盪，維護金融體系的穩定，需要對網路金融監管的目標和原則做動態適時的調整，對監管的內容和手段做不斷的補充和更新，跨地域的國際協調與合作顯得至關重要。

## 1.3 網路金融的發展狀況

### 1.3.1 網路金融的發展階段

自信息技術應用於金融業開始，網路金融的發展大致經歷了四個階段：輔助傳統金融階段、金融電子化階段、網路金融初步發展階段、網路金融全面發展階段。

#### 1.3.1.1 輔助傳統金融階段

傳統金融業主要採用手工操作和經驗來進行管理。從 20 世紀 50 年代到 80 年代中期，計算機開始應用於金融業務的處理和管理，如記帳、結算等環節和銀行管理中的分析、決策等環節，都是用計算機系統作為輔助手段。20 世紀 60 年代開始，計算機在

金融行業的應用從單機處理時代發展到聯機系統，使單個金融機構內部能夠處理存、貸、匯等聯機業務，不同金融機構之間實現通存通兌等跨行業務。進入20世紀80年代以後，出現了水平式金融信息傳輸網路和電子資金轉帳系統等，金融業務的處理效率和管理質量都得到了顯著的提高。

#### 1.3.1.2 金融電子化階段

20世紀80年代後期到90年代中期，隨著個人計算機、銀行卡、電子貨幣的普及，作為金融業主體的銀行逐漸實現了電子化。各家銀行陸續推出了以自助方式為主的PC銀行、自動櫃員機、銷售終端系統、企業銀行、家庭銀行等電子金融服務方式。隨著這些服務方式的普及和功能的多樣化，金融服務已經脫離了傳統的手工操作，進入了全面電子化的階段。

#### 1.3.1.3 網路金融初步發展階段

作為金融電子化的排頭兵，銀行是最先進入網路化階段的金融機構。1995年10月18日（即「電子銀行環保日」），美國Area Bank股份公司、Wachovia銀行公司、Hunting Bancshares股份公司、Secureware和Five Space計算機公司聯合在Internet上成立全球第一家無任何分支機構的純網路銀行（也稱為「虛擬銀行」，即沒有營業網點、沒有櫃臺、沒有ATM、看不到現金、完全依賴於互聯網），即美國安全第一網路銀行SFNB（Security First Network Bank）。該網路銀行是得到美國聯邦銀行管理機構批准成立的全球第一家無任何分支機構、在因特網上提供大範圍和多種銀行金融服務的純網路銀行，它的成立預示著互聯網金融邁入迅速發展的階段。繼在北美和歐洲興起後，網路金融在包括日本、新加坡、中國香港、臺灣等在內的亞太國家與地區也逐漸興起，網路金融在全球範圍內進入了初步發展的階段。

#### 1.3.1.4 網路金融全面發展階段

進入21世紀，隨著網路技術的優化普及以及金融機構和大眾對網路金融這種新型金融形式認同度的提高，網路金融進入了全面發展階段。銀行、證券、保險、期貨等金融業務紛紛進入了網路化、虛擬化發展的階段。各類金融機構網站、金融仲介網站及金融超市網站層出不窮。網路金融不再是純粹的網路業務，而成為金融業務與網路技術無縫結合的產物，傳統金融機構與網路金融機構所提供的產品與服務的差異性逐漸縮小，傳統金融業務全面網路化，網路金融不再孤立於傳統金融業之外，兩者逐漸融為一體。

### 1.3.2 中國網路金融的發展現狀

#### 1.3.2.1 中國網路金融的發展模式

（一）傳統金融服務互聯網化

隨著經濟的發展和互聯網科技的進步，中國經濟不斷走向信息化，金融業電子化伴隨著大數據、雲計算等新興技術的發展也取得了迅猛的發展。市場上具體可以表現為銀行、保險、券商以及部分小額貸款公司業務線上化。通過互聯網將傳統金融服務，

由線下轉為線上，擺脫了時間和空間的限制，極大地降低了交易成本和時間成本，提升服務質量。

(二) 新興金融業務

1. 互聯網理財產品

互聯網理財產品的產生源自於消費者短期，小額資金的理財需求。企業通過互聯網平臺推出收益率較高的理財產品，吸引消費者投資。如天弘基金與阿里旗下第三方支付平臺支付寶合作的理財產品餘額寶，年化收益較高，且購買贖回利用 APP 即可處理，簡便快捷，從上線至今已吸納了過億用戶，超千億元資金。微信、百度、京東等也推出不同理財產品，融集了大量資金。

2. 虛擬貨幣

互聯網虛擬貨幣指具有多元化的發行機構在互聯網系統實現流通與支付功能的虛擬貨幣。其交易成本低，形式多樣化，主要用於網路遊戲、網路購物等，如騰訊公司的「Q幣」、新浪的「比特幣」。根據騰訊公司的年度盈利報告來看，其網路遊戲收入占過半比重，Q幣的收入在總收入中比重不容小覷。

(三) 金融融通平臺

1. 第三方支付

傳統的金融服務主要通過銀行為交易提供信用擔保，實現交易者資金融通。第三方支付將平臺擴大為具備實力和信譽保障的第三方獨立企業，即通過和國內外各大銀行簽約，為買方賣方提供信用支持。這種支付方式大大減少了信用卡信息和帳戶信息失密的風險；支付成本較低，降低了政府、企業事業單位直連銀行成本；同時為適應不斷升級的服務和競爭要求，平臺在線上持續革新，創造個性化服務內容和業務模式，推動支付行為更加便捷和安全。

2. P2P 網貸

P2P 網路借貸，2005 年起源於英國，2007 年中國，並在 2012—2016 年期間實現井噴式發展。主要分為兩個板塊：個體借貸和小額貸款。個體借貸是利用互聯網平臺的鏈接，實現不同個體間的直接借貸，即一對一的直接借貸。小額貸款是貸款公司利用互聯網向個體提供小額貸款資金，即一對多的小額貸款。目前國內出現大型互聯網公司如阿里、騰訊、京東、百度等設立的小貸公司，也有宜信、點融網等專門的網貸公司。

3. 眾籌融資

眾籌即大眾籌資或群眾籌資，即企業或個人通過互聯網發布籌款項目並募集資金，利用互聯網連結起贊助者與提案者。提案者通對公眾展示其產品、創意，募集項目資金。贊助者則在籌資項目完成後，獲得提案者承諾的回報，可以是資金、服務，也可以為實物。眾籌並不是一種單純的投資行為，通過籌資，可以瞭解消費者對該產品或服務的贊助意向，利用大數據的支持獲得市場反饋數據。在資金募集過程中，通過與贊助者的溝通，同時可以聽取社會個性化意見，不斷豐富和完善產品。[1]

---

[1] 王澍. 互聯網金融現狀發展及對策分析 [J]. 財經界，2016 (21).

1.3.2.2　中國網路金融的發展特點

一是從快速發展階段轉入規範發展階段。隨著風險專項整治工作深入開展，網路金融風險整體水平在下降，網路金融風險案件高發頻發勢頭得到初步遏制，行業監管規則和要求進一步明確，行業發展環境得到進一步淨化。

二是行業占金融總量的比重較低，但業務涉眾面較廣。以 P2P 網貸為例，據不完全統計，P2P 網路借貸行業總體貸款餘額不到同期金融機構人民幣各項貸款餘額的 1%。但同時，P2P 網貸不論是投資端還是借款端，用戶都在持續穩定增長。

三是業務模式眾多，但主要業態發展呈現分化態勢。具體來說，網路支付發展迅速，商業銀行占據主體地位，非銀行支付呈筆數多、單筆交易額較小的特點。P2P 網貸行業整合、退出現象明顯，營運平臺數量有所下降，成交量與參與人數仍穩步增長。網路保險業務擴張較快，創新較為活躍，業務滲透率不斷提高。網路基金銷售穩步增長，業務集中在網路貨幣基金銷售。網路消費金融參與主體多元化，發展快速，以小額、短期的貸款業務為主。

網路股權融資發展相對滯後，股權眾籌融資監管規則尚未發布，網路非公開股權融資實際開展業務的平臺較少。

四是網路金融「鯰魚效應」明顯。網路金融在理念、技術和模式等方面的創新，促使中國傳統金融機構不斷改變業務模式和服務方式，為傳統金融機構的改革發展注入了新動力。據不完全統計，截至 2016 年年末，中國已有網路直銷銀行近 60 家。其中，比較有代表性的中國工商銀行「融 e 行」網路銀行平臺客戶已達 2.5 億人，其中移動端動戶數達到 6,000 多萬。[①]

## 延伸閱讀：商業銀行網路金融聯盟

2016 年 7 月 28 日，由中信銀行、招商銀行等 12 家股份制銀行聯合發布，成立「商業銀行網路金融聯盟」。聯盟圍繞貫徹落實監管機構帳戶管理要求制定行動方案，致力於推進聯盟行 II、III 類帳戶互聯互通合作機制、建設聯盟行聯防聯控體系、加強聯盟行與第三方支付機構定價管理等。通過聯盟行之間系統互聯、帳戶互認、資金互通，為客戶帶來更加安全的帳戶保障和創新金融服務，以最低的銀行間通道定價策略，將更多優惠讓利於客戶。

聯盟宗旨

12 家全國性股份制商業銀行聯合成立的「商業銀行網路金融聯盟」，將通過系統互聯、帳戶互認、資金互通，將為客戶帶來更多實惠：一方面，聯盟間資金互通將實行最低市場價格，將節省的營運成本回饋於客戶，聯盟行客戶手機銀行、個人網銀等電子渠道跨行轉帳免收手續費；另一方面，聯盟行實現銀行間的帳戶互認，更加合規便捷地為客戶開立電子帳戶，保障客戶資金安全。

---

① 李東榮. 中國互聯網金融發展的現狀、挑戰與方向 [N]. 金融時報，2017-05-22.

聯盟成員：發起聯盟的 12 家銀行有中信銀行、招商銀行、浦發銀行、光大銀行、華夏銀行、民生銀行、廣發銀行、興業銀行、平安銀行、恒豐銀行、浙商銀行、渤海銀行。其中，中信銀行成為首任聯席主席行。

聯盟的願景是「平等、連接、開放、共贏」。

聯盟的目標是「便民、惠民」：聯盟成員資金互通，客戶可享受手機銀行、個人網銀等電子渠道跨行轉帳免費；聯盟成員帳戶互認，將實行最低市場價格，有效降低成員行的營運成本；聯盟行落實新的帳戶管理辦法要求，實現銀行間的帳戶互認，更加合規便捷地為客戶開立電子帳戶，以帳戶為基礎實現連接，有效提升客戶體驗，保障客戶資金安全。

據瞭解，商業銀行網路金融聯盟第四次會議於 2017 年 7 月 25 日在京召開，審議並通過新成員准入方案，聯盟新成員准入方案遵循了「平等、連接、開放、共贏」的聯盟願景，對新的參與行不設置歧視條款，不設置差異化合作，符合《商業銀行網路金融聯盟章程》會員准入條件的商業銀行均可向聯盟提交入會申請，聯盟理事會將根據申請銀行資質、風險管理情況、業務開展情況進行集體決策，按照申請的前後順序進行吸納。隨著聯盟的不斷擴大，廣大客戶將更好地共享聯盟行提供的金融服務，滿足客戶多元化的金融需求。

至此，中信銀行圓滿完成了首任聯席主席行職責。根據聯盟協議，每年由一家參與行作為聯席主任單位，協調各行相關工作。會議中，經聯盟成員表決通過，招商銀行將接替中信銀行，成為聯盟第二屆聯席主席行。

# 第 2 章　電子貨幣

## 2.1　貨幣的發展

從金融史的角度考慮，由原始的物物交換到今天高度發達的商品經濟，貨幣經時間長河的洗禮，先後經歷了商品貨幣、代用貨幣、信用貨幣和電子貨幣等一系列形態，貨幣從「真實價值」到「名義價值」的整個演變過程都體現著社會生產力的發展和進步。隨著網路技術的發展，貨幣存在的形式更加虛擬化，出現了擺脫任何實物形式，只以電子信號形式存在的電子貨幣。

### 2.1.1　商品貨幣

商品貨幣是兼具貨幣與商品雙重身分的貨幣。它在執行貨幣職能時是貨幣，不執行貨幣職能時是商品。它作為貨幣用途時的價值與作為商品用途時的價值相等，又稱足值貨幣。在人類歷史上，商品貨幣主要有實物貨幣和金屬貨幣兩種形態。

#### 2.1.1.1　實物貨幣

實物貨幣是貨幣形式發展最原始的形式，與原始、落後的生產方式相適應。作為足值貨幣，它是以其自身所包含的內在價值同其他商品相互交換。從形式上來看，實物貨幣是自然界存在的某種物品或人們生產的某種物品，並且是具有普遍接受性、能體現貨幣價值的實物。如古希臘時的牛和羊，非洲和印度的象牙，美洲土著人和墨西哥人的可可豆，中國的貝殼和牲畜等。作為一般等價物，這類實物充當貨幣，同時又具有商品的價值，能夠供人們消費。

這些實物貨幣對人類商品交換來說，很不方便、很不安全。同時，實物貨幣本身存在著難以消除的缺陷，它們或體積笨重，不便攜帶；或質地不勻，難以分割；或容易腐爛，不易儲存；或體積不一，難於比較。可見，它們不是理想的交易媒介，隨著商品經濟的發展，實物貨幣逐漸退出了貨幣歷史舞臺。

#### 2.1.1.2　金屬貨幣

金屬冶煉技術的出現與發展，為實物貨幣向金屬貨幣轉化提供了物質條件。凡是以金屬為幣材的貨幣都可以稱為金屬貨幣，銅、鐵、金、銀等都充當過金屬貨幣的材料。各國採用何種金屬作為法定貨幣，往往取決於該國的礦產資源狀況、商品交換的規模、人們的習俗等因素。中國的金屬貨幣最初由諸如銅這類賤金屬充當，古銅幣有刀幣、布幣、鏟幣、環錢等，後來逐漸固定在金銀上。金屬充當貨幣材料採取過兩種

形式：一是稱量貨幣，二是鑄幣。

與實物貨幣相比，金屬貨幣具備耐久性、輕便性、可分性或可加工性、價值統一或均質性、攜帶起來較為方便等優勢。但是金屬貨幣也有難以克服的弊端，這就是面對不斷增長的商品來說，貨幣的數量卻很難保持同步的增長，因為金屬貨幣的數量受金屬的貯藏和開採量的先天制約，所以在生產力急速發展時期，大量商品往往由於貨幣的短缺而難以銷售，引發蕭條；同時金屬貨幣在進行大額交易時不便攜帶，仍有笨重之嫌，而且也不安全，這些都影響了金屬貨幣的使用。

### 2.1.2 代用貨幣

代用貨幣，通常作為可流通的金屬貨幣的收據，一般指由政府或銀行發行的紙幣或銀行券，代替金屬貨幣參加到流通領域中。換言之，這種紙幣雖然在市面上流通，但都有十足的金銀做準備，而且也可以自由地向發行機關兌換金幣、銀幣。可兌換的銀行券是代用貨幣的典型代表。銀行券首先出現於歐洲，發行銀行券的銀行保證隨時按面額兌付貨幣。

代用貨幣就實質特徵而論，其本身價值就是所代替貨幣的價值，但事實上，代用貨幣本身價值低於甚至遠遠低於其所代表的貨幣價值。相對於金屬貨幣，代用貨幣不僅具有成本低廉、更易於攜帶和運輸、便於節省稀有金銀等諸多優點，而且還能克服金屬貨幣在流通中所產生的劣幣驅逐良幣等常見問題。代用貨幣再演化的結果就是信用貨幣。

### 2.1.3 信用貨幣

信用貨幣就是以信用作為保證，通過信用程序發行和創造的貨幣。信用貨幣本身已脫離了金屬貨幣，成為純粹的貨幣價值符號，是一種債務型的貨幣。一般而言，信用貨幣作為一般的交換媒介有兩個條件：一是人們對此貨幣的信心，二是貨幣發行的立法保障，二者缺一不可。

從歷史的觀點看，信用貨幣是金屬貨幣制崩潰的直接後果。20世紀30年代，由於世界性的經濟危機接踵而至，各主要經濟國家先後被迫脫離金本位和銀本位，所發行的紙幣不能再兌換金屬貨幣，於是產生了信用貨幣。信用貨幣是代用貨幣進一步發展的產物，同代用貨幣一樣，其自身價值也遠遠低於貨幣價值，區別在於信用貨幣不再像代用貨幣那樣，以足值的金屬作保證，而是以信用作保證，由政府強制發行，並且是法償貨幣，任何人都必須接受。信用貨幣的主要形式有紙幣、輔幣和銀行存款貨幣。

### 2.1.4 電子貨幣

在電子技術迅速發展的今天，貨幣形態也受到了巨大的影響。首先，電子計算機運用於銀行的業務經營，使很多種類的銀行塑料卡取代現鈔和支票，成為西方社會日益廣泛使用的支付工具。由於這些銀行卡的迅速發展，有人認為，它們終將取代現金，這樣就會出現無現金社會。同時，由於計算機網路迅速覆蓋全世界，網路銀行出現了，傳統銀行的運作也發生了不少變化，由此使得處於電磁信號形態上的貨幣成為貨幣的

一種形態。

　　貨幣始終與商品經濟一起發展，現代商品經濟的高度發達，信用制度的日趨完善和科學技術的迅猛發展，推動著貨幣形式產生重大的變化。它的未來發展趨勢將是從有形到無形，從現金與轉帳並存到無現金社會。目前世界各國銀行電子計算機網路化的形成，最終將導致貨幣形式向電子貨幣轉變。電子貨幣形態的出現是以科技進步為依託的，同時體現了貨幣形態信用和虛擬的本性。

## 2.2　電子貨幣的定義與特徵

### 2.2.1　電子貨幣的定義

　　電子貨幣又被稱為網路貨幣、數字貨幣或電子通貨等，是20世紀70年代後期出現的一種新型支付工具。關於電子貨幣的定義，是國內外比較有爭議的問題，版本較多，基本內容大同小異，目前尚無統一的定論，國際上公認的較為完整和準確的定義當屬巴塞爾銀行監管委員會的定義，即電子貨幣是指在零售支付機制中，通過銷售終端、不同電子設備之間以及在公開網路（如Internet）上執行支付的「儲值」和預付支付機制。所謂「儲值」是指保存在物理介質（硬件或卡介質）中可用來支付的價值，如智能卡、多功能信用卡等。這種介質亦稱為「電子錢包」，它類似於常用的普通的錢包，當其儲存的價值被使用後，可以通過特定設備向其追儲價值。而「預付支付機制」則是指存在於特定軟件或網路中的一組可以傳輸並可用於支付的電子數據，通常被稱為「數字現金」，也有人將其稱為「代幣」，通常由一組組二進制數據和數字簽名組成，可以直接在網路上使用。這一定義包含了電子貨幣中的在線交易和離線交易。

　　在歐盟範圍內，2002年歐洲議會與理事會發布的《電子貨幣指令》將電子貨幣的法律概念定義為：對發行者的債權所代表的貨幣價值，並滿足存儲於電子設備中，作為支付方式能夠被除了發行者之外的其他方所接受。該指令於2004年起被歐盟國家轉譯為各國的法律並實施。在中國，中國人民銀行2009年起草的《電子貨幣發行與清算辦法（徵求意見稿）》的第三條中規定：「本辦法所稱電子貨幣是指存儲在客戶擁有的電子介質上、作為支付手段使用的預付價值。根據存儲介質不同，電子貨幣分為卡基電子貨幣和網基電子貨幣。卡基電子貨幣是指存儲在芯片卡中的電子貨幣。網基電子貨幣是指存儲在軟件中的電子貨幣。僅在單位內部作為支付手段使用的預付價值，不屬於本辦法所稱電子貨幣。」這一定義與巴塞爾銀行監管委員會的定義基本一致。

### 2.2.2　電子貨幣的特徵

　　現實交易中的貨幣作為一種媒介手段，具有交易行為的自主性、交易條件的一致性、交易方式的獨立性和交易過程的可持續性等通貨應具有的特性。電子貨幣作為一種新的貨幣形式，同樣具有傳統通貨的屬性。電子貨幣必須具有交易媒介的自主性、一致性、獨立性和持續性。電子貨幣執行支付功能時本質上是類似於傳統通貨，只是

電子貨幣是通過在銷售終端、不同的電子設備之間以及在公開網路上執行支付。但與通貨相比，電子貨幣具有一些特殊屬性，一定程度上彌補了傳統通貨的一些不足，主要表現為五個方面。

#### 2.2.2.1 發行主體趨於分散

從發行主體看，傳統的通貨是以國家信譽為擔保的法幣，由中央銀行或特定機構壟斷發行，由中央銀行承擔其發行成本，其發行收益則形成中央銀行的鑄幣稅收入。商業銀行即使具有發行存款貨幣的權力，也要受到中央銀行存款準備金等機制的影響和控製，貨幣發行權控製在中央銀行的手中。但是電子貨幣的發行機制有所不同，呈現出分散化的趨勢。從目前的情況看，發行主體既有中央銀行，又有一般的金融機構，甚至是成立特別發行公司的非金融機構，如信用卡公司和IT企業。它們發行電子貨幣並從貨幣發行中獲得收益，構成了一個特定的電子貨幣的發行市場。在這個市場中，大部分電子貨幣是不同的機構自行開發設計的帶有個性特徵的產品，電子貨幣以類似於商品生產的方式被生產出來，電子貨幣的總量不再受中央銀行控製，其數量規模基本由市場決定。

#### 2.2.2.2 流通突破主權範圍

一般貨幣的使用具有嚴格的地線限定，一個國家貨幣一般都是在本國被強制使用的唯一貨幣（歐元除外）。而且在流通中可能被持有者以現金的形式窖藏，造成貨幣沉澱，貨幣流通速度緩慢。但是電子現金以數字文件的形式，依託於虛擬的互聯網空間，在一個沒有國界限制的一體化空間內快速流通。消費者可以較容易地獲得和使用不同國家的發行機構發行的以本幣或外國貨幣標值的電子貨幣，而且這種流通自始至終在銀行轉帳範圍內，從而避免了資金在銀行體外循環。但是電子貨幣的使用必須借助於一定的電子設備，不能像紙幣一樣直接流通。電子貨幣的電子設備的設置地點並不是交易雙方所能決定的，這在很大程度上影響了電子貨幣的便攜性。

#### 2.2.2.3 交易行為更加隱密

傳統貨幣具有一定的匿名性，但做到完全匿名不太可能，交易方或多或少地可以瞭解到使用者的一些個人情況。而電子貨幣支持的交易都在計算機系統和電子網路上進行，沒有顯見的現鈔貨幣或其他紙基憑證。電子貨幣要麼是非匿名的，可以記錄詳細的交易內容甚至交易者的具體情況；要麼是匿名的，其交易完全以虛擬的數字流進行，交易雙方根本無須直接接觸，幾乎不可能追蹤到其使用者的個人信息。電子現金採用數字簽名的技術來保證其匿名性和不可重複使用，對於交易有一定的隱密性，為保護商業秘密和尊重交易方隱私提供了可行的途徑。但絕對的匿名性也帶來了消極影響，極易被洗錢活動所利用。

#### 2.2.2.4 交易過程更加安全

傳統的貨幣總是表現為一定物理形式，如大小、重量和印記等，其交易中的防偽主要依賴於物理設備，通過在現鈔上加入纖維線和金屬線、加印水印和凹凸紋等方法實現。而電子貨幣主要是用電子脈衝依靠互聯網進行金額的轉帳支付和儲存，其防偽

主要採取電子技術上的加密算法或者認證系統的變更來實現。電子貨幣下的支付行為，需要資金的擁有人持有一定的身分識別證明，如個人密碼、密鑰甚至指紋等來驗證交易的合法性，這些電子保安措施的安全性要遠遠高於現鈔貨幣的安全防偽措施，因此，安全可靠程度更容易被接受。

#### 2.2.2.5 交易成本更加低廉

傳統貨幣的流通要承擔巨額紙幣印鈔、物理搬運和點鈔等大量的社會勞動和費用支出，而電子貨幣本質上是一組特定的數據信息，使用電子貨幣的交易行為是經由電子流通媒介在操作瞬間借記和貸記貨幣帳戶，一系列的識別、認證和記錄數據的工作時間很短暫。電子貨幣的使用和結算不受金額、對象和區域的限制，信息流所代表的資金流在網路的傳送十分迅速。這些特徵使電子貨幣相對傳統貨幣而言更為方便、快捷，從而極大地降低了交易的時空成本和交易費用。

## 2.3 電子貨幣的分類與職能

### 2.3.1 電子貨幣的分類

由電子貨幣的定義出發，可被劃歸為電子貨幣的支付工具有很多，為了更好地認識這些支付工具，可以按照不同的標準將它們劃分為以下五類。

#### 2.3.1.1 按電子貨幣的支付形式分類

根據具體的支付形式的不同，電子貨幣可劃分為四種不同的類型，即儲值卡型電子貨幣、信用卡應用型電子貨幣、存款利用型電子貨幣和現金模擬型電子貨幣。

儲值卡型電子貨幣是指可用於電子網路和 Internet 網路支付，功能得到進一步提高的儲值卡。儲值卡型電子貨幣類似於通常所用的 IC 卡，與一般的儲值卡相比，它可以通過自動櫃員機進行充值，從而反覆使用。使用 IC 卡的電子貨幣項目大部分都屬於儲值卡型電子貨幣，如 VISA 現金、MasterCard 現金、中國開展的金卡工程中的 IC 卡等。從支付方式來說，儲值卡型電子貨幣與普通的儲值卡並無本質區別，它只能用於當面支付金額的劃撥，而不能用於企業間資金劃撥及 Internet 網路支付。因為儲值卡型電子貨幣的使用範圍有較大限制，難以在電子商務中得到廣泛應用，所以在現有的支付體系下，其對社會、經濟的影響還不大。

信用卡應用型電子貨幣是指實現了電子化應用的信用卡，它與傳統的信用卡支付方式的不同在於：它主要是在 Internet 上使用。從傳統的信用卡支付過程來看，首先，買方在賣方的支付櫃臺提交自己的信用卡並簽名；然後，賣方將買方的信用卡號和購買金額等信息傳遞到發卡機構；最後，發卡機構代買方將購物金額墊付給賣方，完成支付。在這一過程中，買賣雙方之間僅通過物理媒介提交信用卡的卡號及其他相關信息等，就可以完成結算。如果不考慮安全問題，將這一提交信息的過程轉而使用電子方式進行，則成為信用卡應用型電子貨幣的交易過程。這一轉化易於實現，因此，與

其他的三種電子貨幣相比，信用卡應用型電子貨幣是目前使用率最高、發展速度最快的一種。

存款利用型電子貨幣是指被用作支付手段在計算機網路上進行傳遞的存款貨幣，其主要特點是通過計算機通信網路移動存款通貨來完成結算過程。根據移動存款所使用的計算機網路的不同，可分為專用網路（也稱封閉式網路）的轉帳結算和基於Internet 開放式網路的轉帳結算；根據移動存款指令發出形式的不同可分為支付人啟動方式和接收人啟動方式兩種。金融服務技術國際財團開展的「電子支票項目」「微軟貨幣」及「為你管錢」等，都是存款利用型電子貨幣。

現金模擬型電子貨幣是模仿現金當面支付方式的電子現金，它具備現金的匿名性、可用於個人之間支付、可多次轉手等特性，是以代替實體現金為目的而開發的，是網路電子貨幣的新型種類，它是真正意義上的網路貨幣。目前典型的代表有兩種，一是基於 Internet 網路環境使用的，且將代表貨幣價值的二進制數據保存在微機終端硬盤內的電子現金，是數字方式的現金文件；二是貨幣價值保管在 IC 卡內，並可脫離銀行支付系統流通的電子錢包或智能卡形式的支付卡。由於現金模擬型電子貨幣十分接近於實體現金，所以一旦現金模擬型電子貨幣得到普及，必然會給一個國家或地區的貨幣體系帶來巨大影響。

2.3.1.2　按電子貨幣的載體分類

根據載體的不同，國際清算銀行在 2002 年將電子貨幣分為以下兩大類：以卡片為基礎的電子貨幣和以互聯網為基礎或以軟件為基礎的電子貨幣，即卡基電子貨幣和數基電子貨幣。卡基電子貨幣以卡片為基礎，就是通常所說的多功能預付卡或電子錢包，載體是各種物理卡片，包括智能卡、電話卡等。使用中其作為現鈔或硬幣等傳統貨幣工具替代品，為小額的、面對面的零售支付提供了便利。消費者在使用這種電子貨幣時，必須攜帶特定的卡介質，消費的電子貨幣金額需要預先儲存在卡中。卡基電子貨幣是現在電子貨幣的主要形式，發行卡基電子貨幣的機構包括銀行、信用卡公司、電信公司、大型商戶和各類俱樂部等。上海的交通卡、香港地區的八達通卡、臺灣地區的 Mondex 卡都是典型的卡基電子貨幣。

數基電子貨幣是以互聯網為基礎或以軟件為基礎的，其表達完全基於數字的特殊編排，依賴軟件的識別與傳遞，不需特殊的物理介質，為遠距離互聯網小額交易提供便利交易的支付工具。只要能連接上網，電子貨幣的持有者就可以隨時隨地通過特定的數字指令完成支付，是在開放式網路上使用信用卡作為支付手段的一種工具。

2.3.1.3　按電子貨幣的使用方式與條件分類

電子貨幣的使用方式有認證與匿名兩種，使用條件有在線與離線兩種。因此按照使用方式與條件分類，可將電子貨幣劃分為四類：在線認證系統、在線匿名系統、離線認證系統、離線匿名系統。認證是指電子貨幣的持有者在使用電子貨幣時需要對其身分進行確認，其個人資料被保存在發行者的數據庫中，以電子貨幣進行的交易是可追蹤的；匿名是指電子貨幣的持有者在使用電子貨幣時不需進行身分認證，其交易不能被追蹤。

在線是指客戶使用電子貨幣支付時需要連接上網，電子貨幣的接收方通過網路實時驗證電子貨幣的真實性、金額是否相符，然後才能決定是否接受支付請求。需要注意的是，電子貨幣的在線認證與信用卡、借記卡等不同，前者關注的是貨幣本身，而後者驗證的是用戶的身分。離線電子貨幣的使用者在支付時不需連接上網，部分離線電子貨幣甚至不需驗證。比如信譽度較高的 IC 卡，它可以通過專用的 IC 卡支付機完成兩張卡之間的資金轉移。對於需要驗證的離線電子貨幣，可以通過專用的「電子貨幣驗鈔機」。這種「電子貨幣驗鈔機」實際上是一臺專用編碼核對器，可以驗證電子貨幣的標碼是否符合發行者特定的密碼規則，進而確定電子貨幣的真實性與價值。

#### 2.3.1.4 按發行主體分類

將電子貨幣按照發行主體進行分類，一方面可以明確電子貨幣發行機構的性質，另一方面也有利於把握電子貨幣流通性的強弱。具體而言，按照發行主體分類，電子貨幣可以分為以下三種類型。第一，商家發行模式，即電子貨幣發行機構與商品和服務的提供者相同。例如，各大型企事業單位面向內部人員發行的可儲值卡、各高校發行的學生購物用餐卡、各超市連鎖集團發行的可充值的會員購物卡。這些卡的共性是只能在電子貨幣發行機構的網點進行購物交易。第二，銀行發行模式，即電子貨幣發行機構與商品和服務提供者不相同，並且在交易過程中，除消費者與商家外，傳統的銀行系統也介入其中。如銀行信用卡、借記卡、電子支票帳戶等。第三，非銀行發行模式，即使用者用現實的貨幣從發行人處購買電子貨幣，然後再加入該系統的商家那裡消費，最後由發行者從商家處贖回電子貨幣。例如，淘寶網的支付寶、易趣網的安付通。

#### 2.3.1.5 按電子貨幣的被接受程度分類

根據電子貨幣的被接受程度，電子貨幣可以分為單一用途電子貨幣和多用途電子貨幣。單一用途電子貨幣往往由特定的發行者發行，只能被特定的商家所接收，用於購買特定的一種產品或服務。在單一用途電子貨幣中，又可細分為一次性和可復存的兩種。多用途電子貨幣的典型代表是 Mondex 智能卡系統，這種智能卡根據其發行者與其他商家簽訂協議範圍的擴大，而被多家商戶所接受，它可購買的產品與服務也不限於一種，有時它還可以儲存、使用多種貨幣。

### 2.3.2 電子貨幣的職能

電子貨幣是在傳統貨幣的基礎上發展起來的，與傳統貨幣在本質、職能及作用等方面存在許多共同之處，但兩者產生的社會背景、經濟條件和科技水平等均有不同，導致了它們在執行貨幣職能時產生了差異。貨幣的職能是貨幣本質的具體表現，一般認為，貨幣具有價值尺度、流通手段、支付手段和儲藏手段的職能。就現階段的電子貨幣來說，它是以既有實體信用貨幣為基礎而存在的「二次貨幣」。因此，要能夠完全執行貨幣的職能必須達到一定的條件。只有當電子貨幣在任何時候都能與既有的實體貨幣之間以 1 比 1 的比率交換，電子貨幣可以用於包括個人之間支付的所有結算，而且任何人都願意接受並持有到下一次支付時，電子貨幣才能完全執行傳統貨幣的所有

職能。

#### 2.3.2.1 價值尺度

電子貨幣與其他貨幣支付手段相比，具有貨幣的一般性特徵，但是電子貨幣缺少傳統貨幣的價格標準，因為價格標準是人為的一個約定基準。作為價值尺度代表的貨幣單位必須是公認的、統一的和規範的，與其他度量單位相同，需要法律強制執行。沒有價格標準支撐的電子貨幣，就缺乏人們普遍接受的信用。電子貨幣對商品價值度量的標準是建立在紙幣或存款帳戶基礎上的，遵循中央銀行貨幣的價值尺度標準，電子貨幣要以中央銀行貨幣單位作為自己的計價單位，發行主體要保證其能與實體貨幣以1比1的比率兌換。電子貨幣由於帶有明顯的發行人特徵，而不同的發行人對價值判斷的標準不同，因而電子貨幣體系需要通過一個外部標準統一規範。

#### 2.3.2.2 流通手段

電子貨幣不具備價值尺度的功能，但卻是一種高效的流通手段，是在統一價值尺度下對流通手段的替代。由於貨幣發揮流通手段職能，只起一種交換媒介作用，因此可以用本身完全沒有價值的貨幣符號來替代。例如，由國家發行而強制流通的價值符號——紙幣與現在代替紙幣作為一種數字化的價值符號——電子貨幣。紙幣在發揮流通手段職能時，使交換買賣雙方錢貨兩訖，實現從貨幣到商品的實物讓渡，而電子貨幣是無形的，完成的交換表現為買賣雙方銀行帳款上存款餘額數字的增減變化。電子貨幣發揮流通手段職能時必須依靠銀行等仲介機構的參與才能完成。電子數字化現金沒有明確的物理形式，付款行為就是通過銀行從買方的數字化現金中扣除並傳輸到賣方。利用電子貨幣媒介商品交易，速度快、費用低。如果解決了電子貨幣的安全問題，並且使用電子貨幣的設備大大簡化並在全社會普及，電子貨幣就完全可以取代現行的紙幣體系，成為主要的支付工具。

#### 2.3.2.3 支付手段

貨幣和商品在買賣過程中不同時出現，即採用預付款或延期支付的方式進行交易，則貨幣發揮著支付手段的職能。電子貨幣被用來進行支付時，當其通過網路以數據信息形式從交易一方轉移到另一方時，錢貨兩訖，交易應隨即宣告完成。電子貨幣比商品貨幣、紙幣更具有支付仲介優勢，電子貨幣發揮支付手段職能的一個特點是將消費者信用、商業信用和銀行信用有效結合起來。電子貨幣發揮支付職能實質就是通過信用進行交易，形成可以相互抵銷的債權債務關係。在最終結算時大部分債權債務關係被沖銷，大大加快了交易的速度，提高了運作效率，同時也減少了貨幣的需求量。一種貨幣能在多大程度上解決支付的最終性問題，取決於人們對它的信任程度。但由於被認可程度不同和行業間的限制，電子貨幣在支付中並不被普遍接受。有時只有將共同比例兌換為傳統貨幣才能滿足交易需求，所以真正體現交易信用的仍是被電子化、數字化前的現金或存款。如果某個機構能夠取得足夠的信任，為它發行的電子貨幣能在商品流通中使用提供足夠的擔保，也能同紙幣一樣解決支付的最終性問題。

#### 2.3.2.4 儲存手段

貨幣的儲存手段職能是與貨幣自然形態關係最為密切的職能。利用貨幣儲存價值的先決條件之一是貨幣累積所代表的價值累積沒有風險，或者風險極低。紙幣代表一個債務符號，是發行國家與紙幣本身的法律契約，是發鈔國家對持有者的負債，國家信譽是有限信譽，儘管國家會努力承擔其法律責任，但持有者無法控製發行國增加紙幣發行的行為。電子貨幣的儲存是以數字化形式存在的，目前的價值儲存功能也依賴於傳統通貨，以現金或存款為基礎，所以這樣得到的電子貨幣永遠不可能擺脫持有者手中原有通貨的數量約束。這樣，電子貨幣作為價值儲存是名不副實的。所以，電子貨幣的儲存功能是所有者無法獨立完成的，必須依賴仲介機構。

### 延伸閱讀：「無現金社會」真那麼美嗎？

國際金融報記者 袁源（《國際金融報》2017年01月16日 第15版）

電子貨幣的每一筆交易都能被追蹤，引發了有關個人隱私受到侵犯的討論，且不斷攀升的電子支付和網上銀行詐騙案發率也對全面實現「無現金」化社會提出了更多挑戰。此外，堅持無現金交易可能讓窮人留在體系之外。

從丹麥、瑞典到印度，都在試圖大膽地跟現金社會說再見，但沒有現金的社會真有那麼美嗎？

推行「無紙化」

如今，電子貨幣已成為消費市場的潮流。歐洲已經走在這股金融風潮的前端，包括丹麥、瑞典和挪威等國，都積極推行無現金交易。

丹麥政府自2016年起便已開始基本進入「無現金社會」。這個國家總人口為560萬人，其中，有200萬人使用移動支付服務，因此，丹麥政府從2016年開始實施「無紙幣政策」，除了醫院、藥局與郵局等機構外，所有零售商家，包括加油站、服飾店和餐廳等，都已取消收銀機，只接受使用信用卡或手機移動支付等電子貨幣服務。甚至連教堂旁都設置刷卡機，以便教友捐款。

丹麥政府為了讓「無紙政策」更進一步，在與各大銀行協商後公布政策，今年起，除了同一家銀行的支票，將不再接受跨行支票的付款及轉帳。

另一個北歐國家瑞典也緊跟趨勢。根據瑞典中央銀行的調查，自2009年起，瑞典使用實物現金（包括硬幣和紙幣）的情況迅速下降，流通量下降了40%。因此，瑞典央行副總裁Cecilia Skingsley表示，央行可能推出電子貨幣，成為第一個創立自己的虛擬貨幣的主要央行。

根據斯德哥爾摩KTH皇家理工學院技術研究人員觀察，瑞典有望成為世界上第一個無現金社會。

根據瑞典央行的數據，非現金交易平穩增長，比過去十年多出10%，達到了92%的高峰。

印度總理莫迪也喊出了無現金社會目標。他於去年11月，宣布面值為500盧比和

1,000盧比的紙幣作廢，同時發行新版紙幣，以打擊國內猖獗的腐敗和黑錢交易。

然而，新版鈔票供應短缺導致排隊換鈔成為幾乎所有印度人每天的必修課。為了減輕市場現鈔需求，同時加強對個人稅收和社會財富的監管，印度政府也推出各種政策，不遺餘力地推廣「無現」交易。

印度財政部還公布了一攬子政策：使用電子支付的消費者，可以獲得0.75%的燃油和10%的收費站折扣；城市軌道交通月票或季票給予0.5%的優惠；在線購買火車票可免費獲得100萬盧比的意外保險，並在預訂車上餐食和車站休息室時獲得5%的折扣；在線購買保險也可獲8%~10%的保費折扣等。

同時，印度財政部宣布對單筆少於2,000盧比的在線交易免收服務稅，同時要求各家銀行免除或降低電子交易手續費，以吸引更多商家和用戶減少現金交易。

莫迪在新德里參加推動數字交易的「DigihanMela」活動時，亦呼籲民眾進行無現金交易。

莫迪在推特（twitter）發文說，轉向數字化交易，可以終結腐敗。希望DigihanMela」活動提高印度民眾對數字支付的認識，幫助人們開設帳戶、登記取得生物辨識卡「Aadhaar card」，使用數字交易。

印度官員透露，政府還擬訂計劃，強制工廠以支票或轉帳的方式支付工人薪水，而非以現金支付。

貧民受排擠

有關現金陰謀論，不外乎與罪犯、恐怖分子和逃漏稅有關。而電子支付更簡化了人們的生活，政府在清算時，不僅減少很多交易成本，也不需儲存印製鈔票，流通貨幣計算也相對容易。在打擊洗錢、恐怖襲擊的大形勢下，無現金化交易越發受到青睞。

美聯儲估計，2016年非現金交易料將達到6,169億美元，而2010年只有600億美元左右。

然而，電子貨幣的每一筆交易都能被追蹤，這也引發了有關個人隱私受到侵犯的討論。近年來，不斷攀升的電子支付和網上銀行詐騙案發率也對全面實現「無現金」化社會提出了更多挑戰。

更為嚴重的是，在一些國家和地區，貧民、攤販、小商家之類沒有能力在銀行開戶轉帳的人，可能面臨更嚴重的排擠。

金融作家費里斯比說：「堅持無現金交易就是施壓民眾開立銀行帳戶，加入金融體系，但許多窮人很可能留在體系之外。」

以印度為例，在該國超過10億的手機用戶中，只有15%可以通過手機接入互聯網，這些人也多集中在城市。這意味著，在這次變革中，農村和低收入群體可能又一次被落在後面。

印度的果亞邦試圖將首府帕納吉轉變成無現金社會，各種以數字支付購買的服務，例如火車票，都可享有折扣優惠。與此同時，還開課教小商家學習電子支付。但窮苦小販無力負擔讀卡機，他們的手機也無法接受移動支付轉帳。

英國《衛報》報導，英國倫敦部分商店和咖啡館現在也追隨公交車的做法，拒收紙鈔和零錢，只接受數字支付。雖然這很方便，但民眾口袋再沒有零錢留給乞丐、街

頭賣藝人、攤販和教會奉獻箱。

即便在瑞典，該國民眾對於數字支付的熱衷程度依舊相差很大，北方鄉間老人就不擅長科技。最近瑞典正掀起「現金崛起」行動，主要支持者是全國退休者組織，要求確保老年人仍能從銀行存取現金。

有監管機構曾呼籲瑞士提高現金消費上限，防治不法之徒，但政客堅稱，使用現金是國民的權利。瑞士偏愛現金的原因，在於治安良好，偷竊和搶劫案件相對較少；瑞士境內大部分為鄉村環境，交易模式大多為面對面，還有現金可能被視為手中的有形資產。

# 第 3 章　電子支付

## 3.1　支付方式的發展

　　支付是伴隨商品經濟的發展，形成的債權人與債務人之間資金轉移的償付行為，是市場經濟和現代金融活動的基本行為之一。與之相關聯的兩個概念是支付手段和支付工具。支付手段是貨幣的基本職能之一，支付工具則是商品交易的支付媒介，與支付手段是不同範疇的概念。支付工具既可以是法定貨幣，也可以是非法定貨幣，如前文中介紹的電子貨幣。電子貨幣雖然不是法定貨幣，但其「價值量」依賴於與現行貨幣保持 1 比 1 的兌換關係，從而也能間接地反應紙幣具有支付手段職能。這也意味著，支付工具與法定貨幣之間並沒有一一對應的關係，它比法定貨幣具有更加廣泛的內容。只是，支付工具必須直接或間接地依附於法定貨幣，是一種能直接或間接反應貨幣具有支付手段職能的載體。

　　電子商務較之傳統商務的優越性正成為吸引越來越多的企業和個人上網購物的原動力，但如何通過電子支付手段安全地完成整個交易過程，又是買賣雙方首先要考慮的問題。網路支付是電子商務極為重要的組成部分，已經成為電子商務能否順利發展的關鍵之一。目前在電子商務支付結算過程主要採用兩種基本方式，即傳統的支付方式和電子支付方式。

### 3.1.1　傳統支付方式

　　電子支付技術是建立在對傳統支付方式深入研究應用的基礎上的。目前一些非完全的電子商務過程仍離不開傳統的支付方式，即客戶在網路查詢商品信息，進行網路洽談和交易，而貨款則採用傳統的方式來支付。貨款的支付時間根據商家或客戶的要求，可以是款到發貨或者貨到付款。目前異地交割的網路購物也有採用款到發貨方式，即先以傳統方式支付後，賣方才能發貨；同城配送的網路購物大多採用貨到付款方式，即賣方先將貨物送到買方手中，買方驗貨後再用傳統方式支付。傳統的支付方式主要有現金支付、票據支付和銀行卡支付三種類型。

#### 3.1.1.1　現金支付方式

　　傳統的現金支付工具具有舉足輕重的作用。有的國家甚至 70%～95% 的交易都是使用現金來支付的，其他支付工具的使用也是建立在能與現金自由兌換的基礎上的。之所以如此是因為現金具有以下的特點：

（1）現金（特指某國的法定貨幣）以國家強制力賦予的信用為後盾，是法律規定的最終的支付手段，具有普遍的可接受性。

（2）現金支付具有分散、匿名、使用方便、無交易費和靈活等特點。

（3）現金支付具有技術上的「離線處理」的特性，收付款雙方通過親身參與鑒定現金的真偽，不需任何機構的聯網確認和支持。

（4）現金發行上的有限性（稀缺性）維持了人們對現金價值的信任。

在傳統支付方式中，現金支付過程比較簡單，最適合於低價值的交易，常用於企業（主要是商業零售業）對個人消費者的商品零售過程，這種支付方式的缺陷在於：受時間和空間的限制，對於某些不謀面的交易活動，就無法採用現金支付；大宗交易必須攜帶大量的現金，攜帶不便以及不安全因素在一定程度上限制了現金作為支付方式的採用。目前在商貿實務過程中普遍使用的支付方式還是所謂的「三票一卡」，即匯票、本票、支票和銀行卡。

### 3.1.1.2 票據支付方式

這是一種是以銀行存款作為支付手段的非現金結算方式，也稱為轉帳支付方式，多用於企業之間的商貿過程。票據是按票面記載的金額在一定期限內完成支付行為的書面約束憑證，是國際通行的結算和信用工具。票據支付實質上就是一種數據的交換，票據不過是信息的具體載體而已。各類單證、票據上的信息反應了商貿實務處理過程中的金融行為，反應了資金在買賣雙方帳戶之間的流動，最後通過買賣雙方代理銀行之間的資金清算系統來兌現各種金融行為、票據等。票據分為匯票、本票、支票三大類。票據支付過程中有三個當事人，即出票人、收款人和付款人。支票的付款人為銀行。

票據支付方式是以票據的轉移代替實際的資金的轉移，這樣可大大減少現金在保管、攜帶、輸送中的麻煩和風險，而且在支付日到來之前，付款人在這段時間內可充分運用資金。票據支付方式在異地交易中已經成為代替現金支付方式的最佳工具。票據支付方式涉及資金清算系統。資金清算系統實質上就是要結算各金融機構之間相互欠下的應兌付的各種票據金額。當票據累積到一定程度時，各金融機構就要進行資金清算。在電子票據數據交換條件下，資金清算的週期一般都是 24 小時。紙質支票一直是傳統銀行業務中大量採用的支付工具。

### 3.1.1.3 銀行卡支付方式

銀行卡是由銀行等金融機構發行的，主要有信用卡、借記卡、現金卡、支票卡和電子錢包卡等。目前世界各地有上萬家銀行發行了銀行卡，銀行卡已經成為人們金融活動的常用工具；銀行為持卡人和特約商戶提供高效的結算服務，十分靈活方便，這使得消費者樂於持卡購物和消費。

在信用卡支付過程中，信用卡金融信息系統將特約商家、信用卡發行機構以及銀行的計算機系統聯網。在顧客利用信用卡消費時，款項的支付過程通過聯機系統實時處理。利用信用卡機構的計算機中心使銀行在非營業時間段也能支持顧客的交易。先將產生的轉帳數據存儲在信用卡機構的計算機中心，待銀行開始營業後再處理。利用

信用卡機構的顧客數據庫使得諸如信用卡的掛失、停止使用和合法性的確認等業務的處理更加容易。銀行借記卡的支付流程與上述信用卡支付流程的差別在於：客戶在特約商家持卡消費時，商家現金出納系統將顧客的消費金額輸入 POS 終端，讀卡器讀取客戶借記卡磁條或芯片中的認證數據，客戶輸入密碼。客戶的支付信息不經過信用卡機構，而是通過銀行的金融專用網路直接傳送給銀行，再由銀行認證處理支付信息，進行劃帳。

### 3.1.2　電子支付的興起

　　各種不同的支付系統通常是與各種不同的經濟聯繫在一起的。經濟社會曾經使用過各種形態的貨幣在商品交換中轉移價值。從最初的實物交換發展到商品貨幣（如貴金屬）標誌著社會生產力的進步。而法定貨幣的出現則是支付工具發展史上的第一次飛躍，銀行存款作為支付手段是貨幣制度的一大進步。用電子形式的支付工具完全取代紙憑證形式的現金和非現金支付工具在技術上是完全可以實現的。人們把電子支付工具看成是支付工具發展史上第二次飛躍或革命。

　　現金與支票的支付方式是伴隨著傳統的商務活動出現並發展起來的。近十年來，互聯網和電子商務的迅速發展，無論對企業的內部經營還是對市場中的商務交易都產生了深刻的影響，傳統的支付方式已不能滿足電子商務的需要。首先，傳統支付方式不能實時支付。實時支付是指消費者在瀏覽器上單擊支付按鈕時，瀏覽器自動將支付指令傳送給商家，再由商家傳送給銀行，銀行對相關各方進行身分認證後，將資金劃撥給商家，整個支付過程只需要極短的時間。而傳統的支付方式大都是採用紙質貨幣、單據等實物作為支付手段，因此難以實現實時支付。其次，傳統支付方式嚴重缺乏便利性。傳統支付方式的介質種類繁多，不同銀行的處理流程和表單格式相差也很大，這些給用戶的應用帶來了麻煩。最後，傳統支付方式運作成本高。傳統的支付方式要涉及大量的人員、設備，運作成本較高。例如，各個銀行和郵局開展匯兌、支票等業務需要在全國各地設立櫃臺，並配備專業人員和設備，而且要經過複雜的後臺處理過程。

　　從傳統支付方式的局限性可以看出，傳統的支付方式遠不能滿足電子商務的發展需要。企業、消費者、銀行等交易參與方均迫切需要效率更高、成本更低、更快捷、更安全的支付方式，互聯網和數字技術的不斷發展成熟又提供了良好的技術支撐平臺，這些因素都促使了電子支付方式的興起。相較於傳統的支付方式，電子支付具有以下特點：第一，電子支付是採用先進的信息技術來完成信息傳輸的，其各種支付方式都是採用數字化的方式進行款項支付的，而傳統的支付方式則是通過現金的流轉、票據的轉讓及銀行的匯兌等物理實體的流轉來完成款項支付的。第二，電子支付的工作環境是基於一個開放的系統平臺（如互聯網）之上，而傳統支付則是在較為封閉的系統中運作。第三，電子支付使用的是最先進的通信手段，如互聯網、外聯網，傳統支付使用的則是傳統的通信媒介。電子支付對軟、硬件設施的要求很高，如聯網的計算機、相關的軟件及其他一些配套設施，而傳統支付則沒有這麼高的要求。第四，電子支付具有方便、快捷、高效、經濟的優勢。用戶只要擁有一臺聯網的計算機，足不出戶便

可在很短的時間內完成整個支付過程。

電子支付以電子手段在互聯網進行支付，可以充分發揮電子商務的高效率與低成本運作等優勢。因此，要使電子商務發展，就必須大力發展電子支付。信用卡、智能卡、電子支票等支付工具既有紙質現金的價值特徵，又能通過支付指令在網路傳送。技術的進步也使電子現金、電子錢包、網路銀行、電子匯兌等支付方式不斷成熟並投入商業化應用，同時人們還在不斷開發新的支付工具。因此，電子支付是一個極具發展潛力的領域。

## 3.2 電子支付的定義與分類

### 3.2.1 電子支付的定義

電子支付指的是消費者、商家和金融機構之間使用電子手段，把支付信息通過信息網路安全地傳送到銀行或相應的處理機構，以實現貨幣支付或資金流轉的支付系統，即把新型支付工具（包括電子現金、信用卡、電子支票等類型的電子貨幣）的支付信息通過網路安全地傳送到銀行或相應的處理機構，來實現電子支付。它是電子商務發展的必然產物，是伴隨著商務活動電子化而形成的支付流程電子化。

### 3.2.2 電子支付的分類

電子支付按照不同的系統特性具有不同的分類。

#### 3.2.2.1 按交易主體分類

根據交易主體的不同組合可以將電子商務分成 B2C（企業對消費者）、B2B（企業對企業）、B2G（企業對政府）、G2C（政府對消費者）、C2C（消費者对消费者）等幾種模式。在電子商務實踐中發現，不同的模式中交易方選擇的支付方式也會有所不同，這主要是由於各種模式中參與主體的經濟實力、交易金額大小、對安全要求高低及支付習慣等因素存在差異而造成的。因此，根據交易主體不同，可將電子支付劃分為以上五類。

B2C 型支付方式主要用於企業與消費者之間進行的交易。因為這兩者交易時，多數情況下都是消費者為支付方，所以 B2C 型支付涉及的金額一般不大，但要求支付方式方便靈活，比如消費者使用網路銀行在當當網購買商品即為 B2C 型支付。G2C 型支付方式、C2C 型支付方式與 B2C 型支付方式類似，比如消費者通過網路銀行繳納交通違章處罰金即為 G2C 型支付方式，消費者之間通過淘寶網進行個人物品交易即為 C2C 型支付方式。B2B 型支付方式主要在企業與企業之間進行交易時採用。這種商務模式中涉及的金額一般較大，因此對支付系統的安全性要求很高，比如企業之間使用電子支票進行貨款結算即為 B2B 型支付方式。上述 B2C 型支付方式和 B2B 型支付方式的界限也並不絕對。例如，歐美國家等經常把電子支票應用於消費者與消費者之間、消費者與企業間的支付；又如，信用卡一般屬於 B2C 型支付方式，但有時也用於企業間的

小額支付。B2G 型支付方式與 B2B 型支付方式類似，比如企業通過網路進行網路報稅即為 B2G 型支付方式。

#### 3.2.2.2 按支付金額大小分類

按照支付金額的大小，國際上將支付等級分為商業級支付、消費者級支付和微支付。不同的支付等級有不同的安全性和費用要求。商業級支付涉及的金額較大，對安全性要求很高，通常在企業、政府部門之間使用。世界各國的金融機構一般都有相應的標準，如中國規定 1,000 元以上為商業級支付，美國的標準一般在 1,000 美元以上。在中國，支付金額在 5～1,000 元的支付為消費者級支付，主要用於滿足個人消費者在商務活動中的一般支付需要。這一標準在美國為 5～1,000 美元。微支付是指涉及金額特別小的支付，在中國為 5 元以下，在美國為 5 美元以下。微支付應用在瀏覽收費網頁、收聽在線音樂、下載手機鈴聲和圖片等小額交易中。一般而言，電子匯兌系統以及電子支票常用於商業級支付，信用卡、電子錢包、個人網路銀行常用於消費級支付，手機 SIM 支付則常用於微支付。

#### 3.2.2.3 按支付信息形態分類

進行電子支付時，電子貨幣是以數據流的形式傳輸的。根據傳輸的信息形態不同，可以將電子支付分為電子代幣支付和指令支付。消費者使用電子代幣支付時，網路中傳輸的數據流本身就是貨幣，它和現實中的人民幣、美元的意義一樣，只不過是將其用特殊的數據流表示，比如電子現金支付即為電子代幣支付的一種。指令支付是指將包含幣種、支付金額等信息的數據指令通過網路傳輸給銀行，銀行根據此指令在支付雙方的帳戶間進行轉帳操作，完成支付。使用指令支付的前提是支付方需要有銀行帳號，並存入足量的資金。比如網路銀行支付、網路轉帳支付、信用卡支付等都屬於指令支付。

#### 3.2.2.4 根據支付時間分類

根據支付和交易發生的時間關係，可將電子支付分為預支付、即時支付和後支付三種。預支付就是先付款，然後才能購買到產品和服務。如中國移動公司的「神州行」採用的就是預支付方式，消費者先購買充值卡支付了通信費，然後才開始使用通信服務。後支付是消費者購買一件商品之後再進行支付。在現實生活的交易中，後支付比較普遍。即時支付指交易發生的同時，資金也從銀行轉入賣方帳戶。隨著電子商務的發展，即時支付方式越來越多，它是「在線支付」的基本模式。如一些數據商品的在線交易，在交易中買方得到商品的同時，資金也同時轉帳到賣方的帳戶。

## 3.3 電子支付系統的構成與功能

電子支付系統指的是支持消費者、商家和金融機構通過 Internet 使用安全電子交易手段實現商品或服務交易的整體系統。它使用新型的支付工具——電子貨幣，完成數

據流轉，從而實現電子支付。電子支付系統中包含了購物流程、支付工具、互聯網安全技術、信用及認證體系以及現有的金融體系，是一個龐大的綜合性系統。

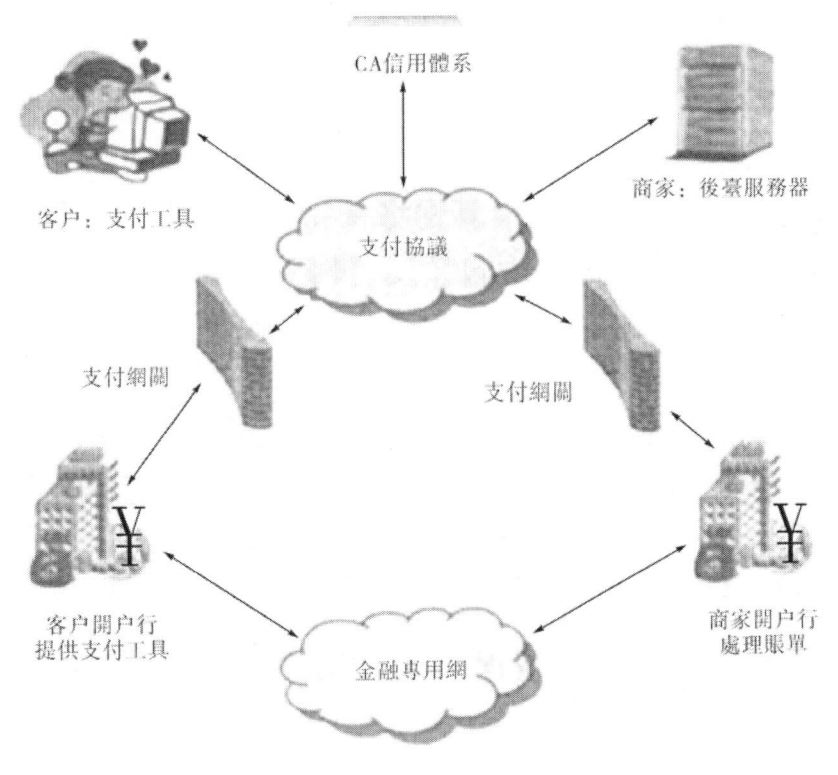

### 3.3.1 電子支付系統的構成

電子支付系統比傳統支付系統複雜，活動參與的主體包括客戶、商家、銀行和認證中心四個部分。網路支付系統的基本構成如圖 3.1 所示。

圖 3.1 電子支付系統

#### 3.3.1.1 客戶

客戶一般是指商品交易中負有債務的一方。客戶使用支付工具進行網路支付，是支付系統運作的原因和起點。

#### 3.3.1.2 商家

商家是商品交易中擁有債權的一方。商家可以根據客戶發出的支付指令向金融機構請求資金入帳。

#### 3.3.1.3 銀行

電子商務的各種支付工具都要依託於銀行信用，沒有信用便無法運行。作為參與方的銀行方面會涉及客戶開戶行、商家開戶行、支付網關和銀行專用網等方面的問題。

(1)客戶的開戶行是指客戶在其中擁有自己帳戶的銀行，客戶所擁有的支付工具一般就是由開戶行提供的，客戶開戶行在提供支付工具的同時也提供了銀行信用，保證支付工具的兌付。在信用卡支付體系中把客戶開戶行稱為發卡行。

(2)商家開戶行是指商家在其中擁有自己帳戶的銀行。商家將客戶的支付指令提交給其開戶行後，就由商家開戶行進行支付授權的請求以及銀行間的清算等工作。商家開戶行是依據商家提供的合法帳單（客戶的支付指令）來操作，因此又稱為收單行。

(3)支付網關是 Internet 和銀行專用網之間的接口，支付信息必須通過支付網關才能進入銀行支付系統，進而完成支付的授權和獲取。支付網關主要作用是完成兩者之間的通信、協議轉換和進行數據加密、解密，以及保護銀行專用網的安全。

支付網關的建設關係著支付結算的安全以及銀行自身的安全，關係著網路支付結算的安排以及金融系統的風險，必須十分謹慎。因為電子商務交易中同時傳輸了兩種信息：交易信息與支付信息，必須保證這兩種信息在傳輸過程中不能被無關的第三者閱讀，包括商家不能看到其中的支付信息（如卡號信息、授權密碼等），銀行不能看到其中的交易信息（如商品種類、商品總價等），這就要求支付網關一方面必須由商家以外的銀行或其委託的卡組織來建設，另一方面網關不能分析交易信息，對支付信息也只是起保護與傳輸的作用，即這些保密數據對網關而言是透明的。

(4)銀行專用網是銀行內部及銀行之間進行通信的網路，具有較高的安全性，包括中國國家現代化支付系統（CNAPS）、人行電子聯行系統、商行電子匯兌系統、銀行卡授權系統等。

#### 3.3.1.4 認證機構

網路支付系統使傳統的信用關係虛擬化，代表支付結算關係的參與者只不過是網路上的電子數據。要確認這些電子數據所代表的身分以及身分的真實可信性，就需要建立認證體系來確保真實的信用關係。認證機構為參與的各方（包括客戶、商家與支付網關）發放數字證書，以確認各方的身分，保證網路支付的安全性，認證機構必須確認參與者的資信狀況（如通過其在銀行的帳戶狀況、與銀行交往的歷史信用記錄等來判斷），因此也離不開銀行的參與。需要說明的是：在網路交易中，消費者發出的支付指令，在由商戶送到支付網關之前，是在 Internet 上傳送的，這一點與持卡 POS 消費有著本質的區別，因為從商戶 POS 到銀行之間使用的是專線。而 Internet 交易就必須考慮公用網路支付信息的流動規則及其安全保護，這就是支付協議的責任所在。

### 3.3.2 電子支付系統的分類

一般而言，電子支付系統可以分為三類，即大額支付系統、脫機小額支付系統、聯機小額支付系統。

#### 3.3.2.1 大額支付系統

大額支付系統，即大額資金轉帳系統，是一個國家支付系統的主動脈。大額資金轉帳系統能夠把各個地方的經濟和金融中心聯結起來，形成全國統一的市場，對經濟發展、金融市場的發展乃至國家的整個金融體制具有十分重大的意義。此外，大額資

金轉帳系統還對重要的跨國市場提供多種貨幣交易的最終結算服務。由於這些原因，大額轉帳系統的設計和運行是決策者和銀行家關心的主要問題。發達國家十幾年來一直都在努力改造、強化或建立它們的跨行大額資金轉帳系統。在從計劃經濟向市場經濟過渡的國家裡，建立起大額資金轉帳系統被認為是發展市場經濟中應首先考慮的問題之一，因為大額資金轉帳系統不僅能滿足社會經濟對支付服務的需求，而且支持正在形成的金融市場，為中央銀行採用市場手段實施貨幣政策創造條件。

大額支付系統主要處理銀行間大額資金轉帳，通常支付的發起方和接收方都是商業銀行或在中央銀行開設帳戶的金融機構。大額系統是一個國家支付體系的核心應用系統。現在的趨勢是，大額系統通常由中央銀行運行，處理貸記轉帳，當然也有由私營部門運行的大額支付系統，這類系統對支付交易雖然可做實時處理，但要在日終進行淨額資金清算。大額系統處理的支付業務量很少（1%～10%），但資金額超過90%，因此大額支付系統中的風險管理特別重要。

3.3.2.2 脫機小額支付系統

脫機小額支付系統，亦稱批量電子支付系統，主要指 ACH（自動清算所），主要處理預先授權的定期貸記（如發放工資）或定期借記（如公共設施繳費），是滿足個人消費者和商業部門在經濟交往中一般性支付需要的支付服務系統。支付數據以磁介質或數據通信方式提交清算所。這類系統能夠支持多種支付應用，大體上可以把這些支付交易劃分為兩大類：經常性支付和非經常性支付。與大額資金轉帳系統相比，小額支付系統處理的支付交易金額較小，但支付業務量很大（佔總支付業務的 80%～90%），所以這類系統必須具有極強的處理能力，才能支持經濟社會中發生的大量支付交易。大額資金轉帳系統對數量較少的專業化市場的參加者提供支付服務，而小額支付業務系統實際上對經濟活動中每一個參加者提供支付服務，因此，小額支付系統服務的市場很大，產品千差萬別。

3.3.2.3 聯機小額支付系統

聯機小額支付系統指 POSEFT 和 ATM 系統，其支付工具為銀行卡（信用卡、借記卡或 ATM 卡、電子現金等）。小額支付系統主要特點是金額小、業務量大，交易資金採用淨額結算，但 POSEFT 和 ATM 中需要對支付實時授信。聯機小額支付系統從概念上講，應劃為批量電子支付系統範疇，但由於這類系統具有的特點，一般都單列為一類，即聯機的小額支付系統。因為這類支付系統的客戶一般使用各種類型的支付卡作為訪問系統服務的工具，所以又可稱銀行卡支付系統。聯機小額支付系統要求支付信息的傳送要實時進行，因而它比電子批量支付系統要求有更高的處理速度，但不要求大額支付系統中那種成本昂貴的控製和安全措施。

### 3.3.3 電子支付系統的功能

不同的支付系統有不同的安全要求和費用要求。微付款系統類似於普通現金，而消費者級付款最可能通過信用卡或借記卡來完成。在大多數情況下，商業級付款是由直接借記或發票來完成的。通常電子支付系統具備以下的功能。

3.3.3.1 實現對各方的認證

使用 X.509 和數字簽名實現對各方的認證。為了保證協議的安全性，必須對參與交易的各方身分的有效性進行認證。例如，客戶必須向商家和銀行證明自己的身分，商家必須向客戶及銀行證明自己的身分。

網路支付系統由客戶、客戶開戶銀行、商家、商家開戶銀行和認證機構等組成。商家的開戶銀行表示商家在其中有帳號的某財政機構，稱為接收行。支付網關是由接收行操作的用於處理商家支付信息的設備。認證機構的功能是向各方發放 X.509 證書。某些接收行也可能有自己的註冊機構，由註冊機構向商家發放證書，商家通過向客戶出示證書向客戶說明商家是合法的。認證機構和註冊機構的工作應是協調的。

3.3.3.2 對業務進行加密保密確保數據的完整性

為了實現對數據的保密，系統一般都支持某種加密方案。例如，在使用 Web 瀏覽器和服務器時，系統可利用安全套接層 SSL 和安全的超文本傳輸協議 S-HTTP 完成數據交換。根據需要，加密算法可使用對稱加密或非對稱加密兩種算法。商家一般可以利用加密和消息摘要算法進行數據的加密以確保數據的完整性。

3.3.3.3 保證業務的完整性和不可否認性

使用消息摘要算法以保證業務的完整性和不可否認性。業務的不可否認性是通過使用公鑰體制和 X.509 證書體制來實現的。業務的一方發出他的 X.509 證書，接收方可從中獲得發出方的公鑰。此外，每個消息可使用單向 Hash 算法加以保護。發送方可使用其加密密鑰加密消息的摘要，並把加密結果一同送給接收方。接收方用發送方的公鑰證實發送方的確發出一個特定的消息，然後發送方可計算一新的密鑰用於下次加密消息摘要。

3.3.3.4 多支付協議支持多方交易

多支付協議應滿足以下兩個要求：一是商家只能讀取訂單信息，如物品的類型和銷售價。當接受行對支付認證後，商家就不必讀取客戶信用卡的信息了；二是接收行只需知道支付信息，無須知道客戶所購何物，在客戶購買大額物品（如汽車、房子等）時可能例外。

## 延伸閱讀：電子支付首先必須解決的法律問題

上海證券報　劉春泉 2017-08-14

(作者為上海邴和邴律師事務所合夥人，中國電子商務協會政策法律委員會副主任)

電子支付帶來很多新問題，遠比時下在熱烈討論的「拒收現金是否合法」複雜得多，亟須立法規範。電子商務支付，應通過依法設立有資質的支付機構，企業內部支付結算工具不得用於對外支付結算。

互聯網巨頭企業近日再度發起巨額補貼，希望盡快在全國範圍實現「無現金」社

會。然而，電子支付帶來很多新問題，遠比時下在熱烈討論的「拒收現金是否合法」複雜得多，亟須立法規範。問題是，相關法律問題現在還來不及辨析清楚。

從物理上來說，銀行和網路支付機構的電子支付都表現為電磁信號（由計算機網路系統傳輸，服務器處理的電子支付清算指令），只不過前者是各銀行的服務器通過銀聯服務器計算、交換支付指令；後者目前是網路支付公司的服務器直連銀行的服務器。按照最新央行的政策文件安排，從明年起網路支付機構要接入網聯的服務器進行支付清算處理。不管是網路銀行還是網路支付機構，電子支付在物理上都是計算機終端與服務器的數據請求、處理、交換和反饋，這與貨幣不同。貨幣是由貴金屬稀缺性決定的，可以直接充當一般等價物，從黃金、白銀演化到當代則表現為國家強制力保障發行的紙幣。電子貨幣如果不採取技術手段，則不存在稀缺性，如果採取技術手段，例如最近很熱的所謂「區塊鏈」技術，理論上講有可能實現人為控製的稀缺性。當然這是個大事，還需要進一步審慎研究和論證。

目前，從法律定性上來說，網路支付機構是IT企業，不是金融機構（由此帶來的問題是，雖然網路支付機構也受央行的監管，但對其的法律保護是否與銀行相同？可能需要通過立法明確對其帳戶、數據庫等是否參照金融機構予以保護，特別是在刑法領域），網路支付機構提供的支付，實質是電子支付指令交換，雖然對外解釋帳戶餘額也是錢，但那不過是為了消除消費者對其擔心。實際支付機構和銀行之間，除了支付指令數據交換，銀行與支付機構之間還存在資金清算過程。電子銀行則不同，銀行電子帳戶餘額被認為是替代現金的符號，使用網銀與使用紙幣是等同的，銀行與銀行之間直接實現資金清算。在刑法保護上，對金融機構刑法有特別的保護，比如犯一般盜竊罪和盜竊金融機構的犯罪，這可有天壤之別。現在網路支付機構也擔心，萬一遭遇盜竊犯罪造成損失巨大該怎麼辦。所以，雖然不是金融企業，但對於其帳戶、網路系統參照金融機構予以保護，是網路支付機構翹首以盼的。

如果說紙鈔是對貴金屬貨幣的虛擬，票據是對紙鈔的虛擬，那麼銀行電子指令則又是對紙鈔、票據的虛擬。數字貨幣，一旦發行，則可能替代紙鈔發行，未來作為主要流通貨幣。然而，目前的銀行電子指令交換系統與未來發行的數字貨幣之間區別和聯繫是什麼？恐怕要先研究清楚物理上的異同，才能相應設計法律、技術和業務規則。

據我的觀察，現在銀行的電子支付指令和餘額等信息與紙鈔還是有區別的。從物理上來說，銀行的餘額和支付清算指令是記帳手段，不是貨幣本身，貨幣是人民幣，或者黃金、白銀。從法律角度來說，銀行對餘額和交易指令、記錄的認可也不像對紙幣那樣是絕對的。銀行在實踐中常有對自身電子記錄的例外，比如銀行對帳單常常有一句「如有差錯則以銀行記錄為準」，銀行若出錯把錢打入儲戶帳號，銀行大多是直接扣走，能通知儲戶一聲就算不錯了。但想像一下，如果銀行誤把一箱子現金送到你家裡，他能又直接不聲不響徑直破門而入取走嗎？假如紙幣燒了，水泡了，達不到使用要求了，要麼持有人承擔損失，要麼銀行替換，這就是因為貨幣具有「無因性」：在貨幣所有權問題上，不問貨幣佔有變動的原因如何，均能導致所有權變動的結果。

那麼，在未來發行數字貨幣情況下，會發生哪些變化？

如果發行電子貨幣，電子貨幣應具備可讓人信任的安全性和穩定性，不能像現在

的電子記帳單那樣,「如果有錯誤以銀行的記錄為準」,這是難以讓公眾放心接受的。我近年來研究過一些公司發行的「數字貨幣」,其物理上就是一個個數據包,由於具體技術路徑不能也不應公開披露,技術上的安全性與流通性,特別離線後怎麼使用、交換、存儲,上線後又怎麼融入貨幣體系,這些都存在頗多疑問之處。據說,區塊鏈技術有可能作為未來發行數字貨幣的技術路徑,但貨幣可不僅僅是技術問題,還須考慮人類社會林林總總、千奇百怪的複雜應用場景。好在這些暫時還不是電子商務法所該考慮的,央行已設立研究機構,我們不妨靜候他們的研究成果。關於電子支付部分,電子商務法只能也只需要做對接電子商務和支付的銜接性規定。

基於以上這些考慮,筆者根據對電子商務法立法的追蹤和琢磨,提出以下建議:電子商務支付,應通過依法設立有資質的支付機構,企業內部支付結算工具不得用於對外支付結算。

這段話有幾層含義:第一,應依法設立非金融的網路支付機構,沒有依法設立的非金融支付機構不能合法從事電子商務的支付業務。這也就解決了央行管理第三方支付的主要文件「二號令」是否有上位法律依據的爭議。第二,依法設立的非金融支付機構和銀行的電子銀行通道,都是有資質的合法的支付機構,都可以從事電子支付業務。第三,電子商務法是電商普通法,並非金融特別法,僅規定涉及電子支付的銜接性條款,電子支付業務本身,包括電子銀行和網路支付機構,仍然是金融、「準金融」業務,應由央行等金融監管機構依照金融法律監管,業務管理也相應適用金融的法律法規。第四,企業內部的支付結算工具,例如常見的Q幣、其他網路遊戲幣、道具等虛擬幣,不能用於購買實物商品和服務的支付結算。第五,比特幣等非國家發行的虛擬貨幣,違反央行關於人民幣是法定貨幣的規定而不具有合法性,不能用於支付清算。

# 第 4 章　網路銀行

## 4.1　網路銀行的發展

### 4.1.1　網路銀行發展的原因

　　網路銀行起源於美國，第一家網路銀行 SFNB（Security First Network Bank，安全第一網路銀行）作為網路銀行的開路先鋒於 1995 年在亞特蘭大露面，此後迅速蔓延至互聯網覆蓋下的各個國家，究其原因大致包含以下幾個方面：

　　第一，網路高速接入技術不斷發展和成熟，各類專線數據網和光纖網逐漸在世界各地展開，並迅速向偏遠地區延伸。無線網路技術以及通過衛星進行網路直播的技術的研製成功，為低成本地實現邊遠山區的信息傳輸和建立統一的全球衛星通信網路奠定了基礎。所有這些，都為網路銀行的迅速發展提供了技術支持。同時安全保密技術，以及行業內部專用網路與公共網路接口安全技術等網路安全技術不斷完善，一系列加密軟件和控製硬件的研製成功、各種安全協議標準的出現、數字簽名等技術的日益普及和規範，為網路銀行的發展提供了安全保障。

　　第二，電子商務的發展構成了網路銀行的社會商業基礎，而互聯網的普及、網路用戶的壯大則構成了網路銀行的客戶基礎。電子商務的發展，既要求銀行為之提供相配套的網路支付系統，也要求網路銀行提供與之相適應的虛擬金融服務。從一定意義上講，所有網路交易都由兩個環節組成：一是交易環節，二是支付環節。前者在客戶與銷售商之間完成，後者需要通過網路銀行來完成。顯然，沒有銀行專業網路的支持，沒有安全、平穩、高效的網路支付系統運作的支撐，就不可能實現真正意義上的電子商務。而互聯網已經遍及全球約 200 個國家和地區，網路用戶正以不可阻擋的勢頭迅猛發展著，而網路銀行的客戶，雖然這十幾年也在飛速增長，但仍有很大的發展空間，所有這些上網用戶，都構成了網路銀行的龐大的潛在客戶群，而網路銀行在未來的發展任務，就是以更好的服務去爭取他們。

　　第三，網路銀行發展的最根本的原因，既是出於對服務成本的考慮，又是出於對行業競爭優勢的追求，即來自銀行業內部發展的原因。20 世紀 90 年代以來，隨著金融全球化、自由化的出現和金融創新的發展，金融領域的競爭日趨激烈，金融風險不斷增加。為改善交易條件以提高效率和增強競爭力，出現了全球範圍內金融業的網路化浪潮。而網路銀行則順應了這一趨勢，降低成本的同時提供更優質的、高效的服務。

### 4.1.2 網路銀行的發展歷史

網路銀行劃分為3個階段：第一個階段是20世紀50年代到80年代中後期，為計算機輔助管理階段；第二個階段是20世紀80年代中後期到90年代中期，為銀行電子化階段；第三個階段是從20世紀90年代中期至今，才是真正意義上的網路銀行階段。

#### 4.1.2.1 計算機輔助管理階段

初期計算機逐漸在一些發達國家的銀行業務中得到應用，但是，最初銀行應用計算機的主要目的是解決手工記帳速度慢、提高財務處理能力和減輕人力負擔的問題。早期的金融電子化基本技術是簡單的脫機處理，主要用於分支機構及各營業網點的記帳和結算。到了20世紀60年代，金融電子化開始從脫機處理發展為聯機系統，使各銀行之間的存、貸、匯等業務實現電子化聯機管理，並且建立起較為快速的通信系統，以滿足銀行之間匯兌業務發展的需要。20世紀70年代，發達國家的國內銀行與其分行或營業網點之間的聯機業務，逐漸擴大為國內不同銀行之間的計算機網路化金融服務交易系統，國內各家銀行之間出現通存通兌業務。20世紀80年代前期，發達國家的主要商業銀行基本實現了業務處理和辦公業務的電子自動化。在這一階段，商業銀行出現了兩次聯機高潮，一次是在20世紀60年代，使各商業銀行的活期存款可以直接經過計算機處理傳輸到總行，加強了商業銀行的內部縱向管理；另一次是在20世紀80年代，實現了水平式的金融信息傳輸網路，電子資金轉帳網路成為全球水平式金融信息傳輸網路的基本框架之一，為網路銀行的發展奠定了技術基礎。在這一階段還出現了一種電話銀行，興起於20世紀70年代末的北歐國家，到20世紀80年代中後期得到迅速發展。電話銀行是基於電話通信技術的發展而出現的金融服務品種的創新結果。然而，電話銀行服務存在著其自身難以克服的缺陷，最大的缺陷之一是迄今依然主要依靠語音識別、記錄系統提供金融服務，這給客戶帶來了諸多不便。

#### 4.1.2.2 銀行電子化階段

商業銀行逐漸將發展的重點從電話銀行調整為PC銀行，即以個人電腦為基礎的電子銀行業務。20世紀80年代中後期，在國內不同銀行之間的網路化金融服務系統基礎上，形成了不同國家之間不同銀行之間的電子信息網路，進而形成了全球金融通信網路。在此基礎上，各種新型的電子網路服務，如在線銀行服務（PC銀行）、自動櫃員機系統（ATM）、銷售終端系統（POS）、家庭銀行系統（HB）和企業銀行系統（FB）等也就應運而生了。隨著銀行電子化的發展，電於貨幣轉帳逐漸成為銀行服務的主要業務形式。所謂電子貨幣，就是以電子信息的形式取代傳統的現金支付和票據轉帳結算，從而形成的電子資金轉帳系統。電子貨幣以分佈在金融機構和服務網點的終端機及計算機網路為物質條件，以提款卡、信用卡和電子支票等形式為媒介，使貨幣以電子數據的形式在銀行網路間進行傳遞，從而形成電子貨幣流通體系。

#### 4.1.2.3 網路銀行階段

起源於20世紀末90年代中期，在互聯網的商業性應用過程中逐漸出現了網路銀

行。儘管網路銀行與計算機輔助銀行管理和銀行電子化都是在電腦及其通信系統上進行操作的，但是，網路銀行的軟件系統不是在終端上運行，而是在銀行服務器上運行，因而使網路銀行提供的各種金融服務不會受到終端設備及軟件的限制，具有更加積極的開放性和靈活性。因此，網路銀行與企業銀行、家庭銀行、電話銀行、自助銀行和無人銀行等不屬於同一個概念，前者比後者具有更強的服務適應性和開放性。簡單地說，網路銀行既不需要固定場所，也不需要在電腦中預先安裝相應軟件，它在任何一臺電腦上都能進行金融服務的交易。銀行服務的整體實力將集中體現在前臺業務受理和後臺數據處理的一體化綜合服務能力及其整合技能上。信息技術是網路銀行發展的支撐條件，但僅有信息技術又是不夠的，在網路銀行階段，銀行業最缺少的不是技術，也不是資金，而是經營理念和經營方式。因此，如何使銀行業適應信息技術的發展而發生改變，比對信息技術的單純應用更為重要。網路銀行發展到今天，已經表現出了傳統銀行所無法比擬的全天候、個性化的競爭優勢，在實踐中不斷克服種種弊端而走向成熟和完善。

## 4.2 網路銀行概述

### 4.2.1 網路銀行的含義

網路銀行又稱在線銀行或網路銀行，是指銀行利用 Internet 技術，通過 Internet 向客戶提供開戶、銷戶、查詢、對帳、轉帳、信貸、網路證券和理財投資等傳統服務項目，使客戶可以足不出戶就能夠安全便捷地管理和定期存款、支票、信用卡以及個人投資等。雖然網路銀行仍處在高速發展的過程中，其標準和發展模式還處在演變中，目前很難給其一個規範的定義，但是結合歐美現有的一些定義和實踐來看，網路銀行可以分為廣義和狹義兩種。

廣義的網路銀行是指在網路中擁有獨立的網站，並為客戶提供一定服務的銀行，這種服務可以是：一般的信息和通信服務、簡單的銀行交易、所有銀行業務。廣義的網路銀行幾乎涵蓋了所有在互聯網路擁有網頁的銀行，儘管這種網頁有可能僅僅是一種信息介紹，而不涉及具體的銀行業務。

狹義的網路銀行是指在互聯網路開展一類或幾類銀行實質性業務的銀行，這些業務必須是簡單的銀行交易或所有銀行業務，一般都執行了傳統銀行的部分基本職能。

目前中國的金融監管機構採用的是狹義的網路銀行定義：網路銀行是指在互聯網路建立網站，通過互聯網向客戶提供信息查詢、對帳、網路支付、資金轉帳、信貸、投資理財等金融服務的銀行。

### 4.2.2 網路銀行的特點

#### 4.2.2.1 服務多樣化

網路銀行不面對面與客戶接觸，一切交易和溝通是通過互聯網和電話進行，這就

要求網路銀行的行銷理念從過去的注重一般性金融產品開發和管理，轉移到以客戶為核心，根據每個客戶不同的金融和財務需求，「量身定做」個人的金融產品並提供銀行業務服務。網路銀行要將客戶作為一個個人來對待，在為客戶解決金融疑問和困難的時候，使客戶感到解決的方案是按照自己的想法和願望形成的，並且最適合自己的需求；同時也要使客戶感到自己擁有自由和靈活控制的資金，這是成熟市場消費者的要求。

#### 4.2.2.2 技術依賴度高

由於網路銀行是以技術為基礎的銀行，因此技術力量要雄厚，對計算機系統軟件的開發、應用和管理能力要強。網路銀行的全部業務，如貸款申請、發放信用卡和開設存款帳戶等均通過互聯網進行並有系統軟件處理。因為計算機軟件系統是網路銀行順利運作的核心，所以它的維護和管理顯得十分重要。

#### 4.2.2.3 配套基礎要求高

首先網路銀行的平穩運作需要高度發達的通信設備支持；其次，需要技術和開發能力強、瞭解銀行業務的計算機軟件公司，互聯網服務提供商及數據處理和存儲公司的通力合作；最後，社會資信諮詢公司則是網路銀行的業務運作，特別是貸款業務運作的重要保證。它不僅是網路銀行，也是西方國家商業銀行進行個人風險評估和控制的重要手段之一。

#### 4.2.2.4 成本低

網路銀行無分支機構，人員少，通信費用低，操作無紙化，成本控制有效，產品價格競爭力強，其利率比一般的商業銀行低1/4。在網路環境下，網路具有成本低廉、費用節省的特點。一方面，從網頁的成本來看，網路具有成本低廉的特點和優勢。在網路環境下，網頁的成本非常便宜。在紙張緊張、昂貴時，網頁的優點格外明顯。因為與印刷出版物不同，網頁只是一種電子出版物，建立網頁並不需要紙張。另一方面，從網路金融開辦、經營和管理的費用來看，網路具有費用節省的特點。例如，與傳統銀行相比，網路金融的開辦費用低廉。在美國網路銀行的開辦費只有傳統銀行的1/20。網路金融的業務成本只有傳統銀行的1/12。傳統銀行的成本占收入的比例一般為60%，而網路金融的這一比例僅為15%～20%。1995年全球第一家網路銀行——美國安全第一網路銀行創立的全部費用為100萬美元，相當於傳統的金融業開辦一個分支機構。同時其規模化效應更加明顯。

#### 4.2.2.5 高效率

網路銀行的業務換作可以形象地比喻為一條生產流水線。因此，員工之間、員工與上司之間及各部門之間要建立溝通和協調的渠道和機制，同時各部門要大量收集客戶及有關信息，通過內部信息網路管理系統，進行信息共享（這也包括社會信息的共享），以達到提高效率的目的。

#### 4.2.2.6 服務便捷

由於網路銀行所擁有的技術和計算機軟件系統優勢，使其能承諾並保證為客戶提

供一天 24 小時、全年 365 天的全天候服務，並且最大限度上減少對空間、方式的限制，真正實現超越時空的「AAA」式服務，即在任何時間、任何地點、任何方式實現服務。

## 4.3 網路銀行的模式和功能

在瞭解網路銀行的發展歷程、定義和基本特徵後，有必要進一步認識網路銀行的發展模式和主要業務。就網路銀行在過去十多年的發展歷程分析，網路銀行的發展模式可以分為分支型網路銀行和純網路銀行，而業務則可根據新技術的應用程度劃分為基礎網路銀行業務和新興網路銀行業務。

### 4.3.1 網路銀行的發展模式

#### 4.3.1.1 分支型網路銀行

分支型網路銀行是在傳統的「磚牆式」銀行基礎上，通過建立互聯網門戶站點以提供銀行服務的網路銀行。分支型模式的網路銀行是目前網路銀行主流的發展模式，約有 90%以上的網路銀行屬於分支型網路銀行。從功能上看，分支型網路銀行相當於銀行的「互聯網分行」或「互聯網營業部」，既為其他非網路分支機構提供輔助服務，如帳戶查詢、轉帳匯款等，又能夠單獨開展業務，如網路支付。分支型網路銀行不能脫離傳統銀行，仍然需要依託於傳統銀行分支機構，部分業務必須由櫃臺完成，例如開立銀行帳戶。

根據具體的發展模式，分支型網路銀行可再細分為以下兩種模式：

（1）延伸模式。延伸模式是指將傳統銀行相關業務轉移到互聯網。這是當前世界範圍內網路銀行主流的發展模式。伴隨著信息與通信技術的發展，轉移至互聯網的業務越來越豐富，從最初單一的查詢業務發展到現在的轉帳匯款、網路支付、信用卡等業務。這種模式的典型代表有美國的富國（Wells Fargo）銀行。它在 1992 年便開始建設其銀行網路和以網路銀行服務為核心的信息系統。我們所熟悉的國內各大商業銀行的網路銀行，也屬於這種模式。

（2）併購模式。併購模式是指銀行通過收購現有的網路銀行（主要是純網路銀行），以迅速開展網路銀行業務或提高市場份額。就網路銀行發展歷程看，大銀行往往不如區域性小規模銀行積極和富有創造性，直到對整體形勢有了足夠認識後，銀行巨頭才根據自身的核心競爭力採取相應的發展模式。因此，併購模式符合這一發展策略。例如，1998 年 10 月加拿大皇家銀行（Royal Bank of Canada，RBC）通過併購安全第一網路銀行（SFNB）成功地進入了美國金融市場。通過此次收購，RBC 不僅擴大了其在美國金融市場的份額，還以較低的成本將業務拓展到新興的網路銀行領域。

#### 4.3.1.2 純網路銀行

純網路銀行是指僅以互聯網為依託提供銀行服務的網路銀行。純網路銀行與分支型網路銀行的最主要的區別在於它不依賴於實體銀行櫃臺，也沒有分支機構。目前這

種模式的網路銀行為數不多，主要集中在北美和歐洲等發達地區。由於純網路銀行沒有分支機構，所以其客戶一般來自其他銀行的客戶群。因此，純網路銀行在提供網路金融服務時，特別注重產品和服務的差異性。例如，通過提供較高的利息吸引客戶，對各種在線服務採取低價或者免費策略。中國尚沒有純網路銀行，現有的網路銀行都是依賴於傳統銀行一樣的分支型網路銀行。

從美國的純網路銀行實踐來看，有兩種不同的發展理念。一種是全方位發展模式，另一種是特色化發展模式。

（1）全方位發展模式。採用全方位發展模式的網路銀行提供傳統銀行的所有櫃臺式服務項目。這些銀行的管理層認為純網路銀行並不存在局限性，而認為伴隨著信息技術的逐步完善，純網路銀行最終將完全取代傳統銀行。採用全方位發展模式的銀行，致力於開放新的網路銀行服務，以滿足客戶的多樣化需要。

（2）特色化發展模式。採用特色化發展模式的網路銀行側重於互聯網的特色業務，而不是提供所有櫃台式服務。這些銀行的管理層認為純網路銀行具有局限性，不可能如傳統銀行一樣提供全面的服務，例如現金管理服務、安全保管箱等。因此，他們認為純網路銀行只有提供特色化服務才能在競爭中生存，只提供在線存款服務，特色在於存款利息較高。當然，中國的存款利率尚未完全市場化，各商業銀行必須執行央行的利率政策，暫不能自行決定存款利率。

4.3.1.3 兩種發展模式的區別及評價

從本質上講，分支型網路銀行屬於金融創新，銀行應用信息技術成功地改變傳統櫃臺業務的實踐；純網路銀行屬於金融分化，是基於互聯網的新型金融機構。就實踐分析，純網路銀行發展並不順利。以 SFNB 為例，激烈的市場競爭導致了其於 1996 年和 1997 年連續兩年虧損，最終被加拿大皇家銀行收購。而分支型網路銀行則能充分發揮現有客戶基礎等優勢，並結合互聯網技術以實現金融創新，因此發展迅猛。雖然 SFNB 沒有取得巨大成功，但它探索並嘗試了互聯網這一新型銀行渠道，也促進了傳統銀行通過互聯網開展業務，對網路銀行的發展有著不可忽視的作用。

### 4.3.2 網路銀行的功能

從金融服務的角度看，網路銀行一般具備四個方面的功能。

4.3.2.1 信息發布和展示功能

網路銀行依託於迅速發展的互聯網，摒棄了傳統的櫃臺式服務，強化了信息的流通和交換，其通過網路發布的信息包括公共信息和客戶私有化信息。

（1）公共信息發布和展示。網路銀行發布的公共信息一般包括銀行的歷史背景、經營範圍、機構設置、網點信息等。通過公共信息的發布，網路銀行向客戶充分展示其自身的基本情況和優勢，提供有價值的金融信息，既可以起到良好的宣傳作用，又可以為用戶提供全面而便捷的信息，讓用戶得到最好的體驗。

（2）客戶私有信息發布。網路銀行可以通過互聯網靈活的門對門服務，向客戶傳送私有信息，如向企業事業單位和個人客戶提供其電子帳號管理、帳戶餘額及記錄查

詢信息以及其他與銀行業務直接相關的信息。

#### 4.3.2.2 網路支付功能

網路銀行的網路支付功能主要是向客戶提供互聯網路的資金實時結算功能，是保證電子商務正常開展和進行的關鍵性基礎，也是網路銀行的標誌性功能。

（1）網路銀行的網路支付內容包括轉帳和支付仲介業務。轉帳是指客戶可以在自己名下的各個帳戶之間進行資金劃轉，一般表現為定期轉活期、活期轉定期、匯兌、外匯買賣等不同幣種、不同期限資金之間的轉換，主要目的是為了方便客戶對所屬資金的靈活運用和帳戶管理。支付仲介業為網路各項交易的實時劃轉業務提供了支付平臺. 客戶可以辦理轉帳結算、繳納公共收費、發放工資、銀證轉帳、證券資金清算等以及包括商戶對顧客商務模式下的購物、訂票、證券買賣等零售交易，也包括商戶對商戶商務模式下的網路採購等批發交易，這類服務真正地實現了不同客戶之間的資金收付劃轉功能。

（2）網路支付系統按照所依賴的支付工具的不同，可劃分為三種，即信用卡支付系統、數字現金支付系統和電子支票支付系統。信用卡是網路經濟條件下人們進行日常消費的一種常用支付工具，因而也就自然成為網路銀行開發網路支付系統的首選工具，目前有三種形式的信用卡網路支付模式。數字現金是一種表示現金的加密序數列，可以用來表示現實中的各種金額幣值。與前兩種網上支付方式相比，電子支票的出現和開發較晚。電子支票使得買方不必使用寫在紙上的支票，而是通過屏幕上的支票進行支付活動。電子支票幾乎有和紙質支票同樣的功能。一個帳戶的開戶人可以在網路上生成一個電於支票，其中包含支付人姓名、支付人金融機構名稱、支付人帳戶名、被支付人姓名、支付金額；並且和紙質支票一樣經過類似的認證即可生效。

#### 4.3.2.3 網路金融綜合服務功能

網路銀行是在傳統銀行的基礎上引入計算機和互聯網技術的創新結果。它通過互聯網的國際互聯為客戶提供超越時空限制的各種零售和批發的全方位綜合銀行業務，服務質量與銀行專門派設客戶經理沒有差別，甚至更好。目前網路銀行所提供的網路金融服務品種既存在共性，也存在差異性。其共性在於不同的商業銀行對網路銀行服務品種的理解不同，這種不同的理解多來自傳統銀行業的基礎和市場規模之間的千差萬別，也來自不同國家和地區銀行業政策監管上的差異。

網路銀行提供的服務可分為衍生網路服務和基礎網路服務兩大類。衍生網路服務是利用互聯網的優勢為客戶提供大量基於互聯網的全新的金融服務品種，主要包括網路支付服務、網路信用卡業務、網路理財服務、網路金融信息諮詢服務等。

#### 4.3.2.4 管理信息功能

網路銀行的管理信息功能是網路銀行利用計算機、信息技術的信息處理功能，實現相關的銀行管理目的。具體來說包括以下幾個方面：信息自動化處理功能、信息化銀行管理功能、銀行運行支持管理、辦公自動化功能、決策支持功能、數據管理功能。

## 4.4 網路銀行的影響和挑戰

### 4.4.1 網路銀行對傳統銀行的影響

#### 4.4.1.1 網路銀行產生了新的經營理念

傳統的經營觀念注重地理位置、資產數量、分行和營業點（辦事處）的數量，而網路銀行的經營理念在於如何獲取信息並最好地利用這些信息為客戶提供多角度、全方位的金融服務，有利於體現「銀行服務以人為本」的金融服務宗旨。因此，網路銀行使商業銀行的經營理念從以物（資金）為中心逐漸轉向以人為中心。網路銀行帶來的經營理念的改變，將為傳統商業銀行創造出新的競爭優勢。

#### 4.4.1.2 網路銀行使信息資產成為真正獨立意義的資產

網路銀行給商業銀行帶來了一項重要的銀行資產，經過網路技術整合的銀行信息資產或金融信息資源資本。銀行信息資產既包括銀行擁有的各種電子設備、通信網路等有形資產，也包括銀行管理信息系統、決策支持系統、數據庫、客戶信息資源、電子設備使用能力，以及信息資源管理能力等無形資產。銀行信息資產雖然在網路銀行之前就已經存在了，只是到了網路銀行發展階段，商業銀行信息資產成為一種具有獨立意義的銀行資產，網路技術對這種資產的整合，使其成為與銀行其他資產相並列的金融資產。

#### 4.4.1.3 網路銀行根本上改變了獲得經濟效益的方式

傳統銀行獲得規模經濟的基本途徑是不斷追加投入，多設網點，從而獲得服務的規模經濟效益。網路銀行改變了這一基本的規模擴張模式，它主要是通過對技術的重複使用或對技術的不斷創新帶來高效益。首先，網路銀行的流程使原本繁雜的商業銀行業務大大簡化。例如，每月營業額近10億美元的太平洋貝爾電話公司，在傳統商業銀行流程操作下每天需要運出數卡車的付款單。然而，在網路銀行環境下這些程序都被電子數據流取代了，只要將付款項轉到貝爾電話公司的帳戶上即可。其次，網路銀行的流程有效地降低了商業銀行的經營成本。

#### 4.4.1.4 網路銀行徹底改變了傳統分銷模式

（1）傳統的非電子化商業銀行分銷模式。由於傳統銀行普遍採用非電子化業務操作，商業銀行通常通過增設網點來占領市場，所以，總分行制下非電子化的商業銀行分銷金融服務基本採取以總行為中心的金字塔形模型。這種分銷模式的基礎是從總行到低端的儲蓄或代辦處，形成結構層層疊加、下層網點之間橫向信息相互屏蔽的縱向信息流結構。非電子化商業銀行最前端的代理網點和儲蓄所是整個商業銀行的一線服務平臺。這種信息結構的優點，是易於形成服務的規模經濟效益。但是，由於信息橫向屏蔽，平行組織之間信息交流較為困難，且結構過於龐大，分銷前端的經營成本居

高不下。

（2）電子化商業銀行分銷模式。在 20 世紀 80 年代，隨著金融電子化的發展，自動取款機（ATM）網和銀行信用支付系統（POS）被引入各級分銷機構處理終端，其作用正逐步超過傳統的存取款分支網路，成為提供商品化服務的有效工具。銀行內部實現電子網路信息管理，總行和分行、分行和分行、分行和分理處等分銷層次之間實現電子聯網而形成全行業電子數據流的閉環系統。銀行各自形成龐大的信息流，提高了信息交流處理速度和工作效率。這種分銷模式，實際上是建立在原有商業銀行模式基礎上實現電子化改造的結果。主要進步在於改進商業銀行金融服務分銷的信息效率和提高終端及客戶端信息處理效率，提高金融服務質量，形成有利於銀行服務品牌的整體形象。但是，由於電子化商業銀行只是在原有商業銀行服務分銷框架基礎上改良，雖然便捷了內部信息的縱向交流，但未能使客戶和銀行電子化信息互通，仍需保留分行、支行、代理處和儲蓄所等分銷組織機構。因此，無論在勞動力成本上，還是在機構管理成本上，或在客戶交易成本上，都沒有形成明顯的分銷成本的替代效應。電子化商業銀行的另外一種分銷模式是以 PC 銀行的方式建立分銷網路。這種分銷方式是銀行向客戶提供專用軟件，由客戶安裝在個人 PC 機上，通過調制解調器撥號上網，以連接電子銀行的主要服務器，享受 PC 銀行提供的金融服務。PC 銀行分銷模式省卻了傳統商業銀行的中間分銷層，通過信息技術對中間管理及分銷層形成替代效應，對商業銀行形成直接的交易成本替代作用。但是，由於 PC 銀行的分銷模式是建立在為客戶 PC 機提供專用軟件的基礎上，免費贈送、郵寄軟件，或由客戶在零售店購買軟件等增加了交易雙方的成本。因而，這種分銷模式正在逐步由被不需要增加這部分交易成本的網路銀行的分銷模式所取代。

（3）網路銀行分銷模式。現階段，網路銀行正日益成為全球金融市場上一種全新的銀行經營交易方式，它改變著傳統銀行的分銷模式。在發達國家，網路銀行的基本分銷模式是在銀行主服務器提供虛擬金融服務櫃臺，客戶通過 PC 機或其他終端方式連接 Internet 進入主頁，以銀行主頁為平臺進行各種金融交易。因此，網路銀行與傳統銀行分銷模式的最大區別，在於完全省卻了中間分銷網路。最後，通過客戶平面的仲介功能，形成對最終客戶群的分銷。這個最終客戶群是建立在信用卡平臺上的客戶群。網路銀行的客戶平面是網路銀行分銷的關鍵環節，也是網路銀行對傳統商業銀行分銷模式構成成本型競爭優勢之所在。例如，網路銀行為汽車代理商提供這樣的服務：允許汽車代理商將其客戶購買汽車需要獲得什麼樣利息的汽車貸款的需求掛在網路銀行的主頁下，網路銀行在限定時間內為代理商提供符合最終客戶（消費者）要求的金融服務品種網路銀行為保險經紀人提供其服務品種的宣傳和推介網路欄目，再通過其客戶平面上的其他代理商，如房地產代理商或股票代理商，來獲得投保人的需求信息，在限定時間內為保險經紀人提供他所要的需求信息，網路銀行從中獲得佣金收入。與傳統銀行相比，網路銀行分銷模式的顯著特點是完全省卻了中間分銷環節。分銷網點多意味著職員眾多、機構複雜、運作成本高。在網路銀行條件下，無須再設定大量分銷網點，其中的沉澱資本可得到節約，網點約束已不再成為銀行服務發展的制約條件。

#### 4.4.1.5 網路銀行改變了傳統的人力資源管理戰略

商業銀行人才培養和培訓的方向從基於單純的業務技能培訓，轉變為基於綜合商業服務理念和全面服務素質培訓。網路銀行需要大量的複合型人才。這些複合型人才應既熟悉銀行業務的各種規範和作業流程，又能夠熟練掌握和應用信息技術。網路銀行以產品為導向轉為以客戶為導向，並根據客戶要求去設計具有個性化的金融產品。

### 4.4.2 網路銀行的風險和管控

#### 4.4.2.1 網路銀行面臨的風險

網路銀行在提供更為快捷和高效服務的同時也帶來了新的風險。根據艾瑞2008年的報告，約有68.3%的受訪者因為安全性考慮拒絕使用網路銀行。銀行本身是高風險行業，因此網路銀行除了具有傳統銀行在經營過程中面臨的市場風險外，還面臨著由信息網路技術平臺和提供虛擬金融服務帶來的特有風險。巴塞爾銀行監管委員會於1998年指出操作風險、信譽風險、法律風險是網路銀行面臨的主要風險。

（1）操作風險。在網路銀行系統中，操作風險主要指由於系統可靠性或完整性的重要缺陷而造成的潛在損失，可能是由於網路銀行系統不恰當的設計，也可能是由於客戶誤操作。操作風險主要有以下三種表現形式。

第一，安全性風險。安全性風險包括了黑客攻擊風險、內部員工非法侵入風險、數據安全風險和病毒破壞風險。黑客可以通過互聯網攻擊銀行的信息系統，有可能刪除和修改網路銀行的程序，竊取銀行及客戶信息，甚至非法轉帳。例如，2005年6月17日，萬事達國際信用卡公司證實，一家第三方服務公司遭受黑客攻擊，導致了近4,000萬用戶資料的洩露。雖然這並不是專門針對網路銀行的攻擊事件，但也說明了黑客攻擊的危險性。內部員工則可能非法利用其訪問權限竊取客戶的信息，甚至盜竊客戶在銀行的存款。病毒破壞，例如蠕蟲、木馬等病毒的侵入破壞，有可能導致拒絕服務、篡改網頁、網路銀行癱瘓等問題。

第二，系統的設計運行與維護風險。系統設計的風險指網路銀行所採用的系統並沒有進行良好的設計或安裝。例如，如果客戶終端軟件與銀行使用的系統無法兼容，將導致信息傳輸失敗。一個典型例子是，目前國內主要商業銀行都根據用戶使用的主流瀏覽器 Internet Explorer 來建設其網路銀行系統，而不是針對其他瀏覽器。這就是為了避免出現技術選擇風險。

第三，客戶誤操作風險。如果網路銀行沒有預先告知客戶有關注意事項，則客戶可能會進行不恰當的操作，或有意地「錯誤」操作。倘若此時缺乏有效的技術手段來取消錯誤操作，客戶的交易就可能生效，銀行將因此蒙受損失。

（2）信譽風險。信譽風險是指網路銀行未能滿足客戶的意願，使公眾對銀行產生負面效應而造成損失的風險。網路銀行的信譽風險一般表現以下三個方面。

第一，系統存在技術缺陷，客戶無法登錄系統或者帳戶信息受損，消息擴散後可能會導致客戶對網路銀行的不信任。例如，2008年6月30日，匯豐銀行網路理財業務出現故障後，客戶無法登錄網路銀行系統，受影響的客戶不能進行任何網路交易。匯

豐銀行這一次故障還導致了與其系統相連的恒生銀行網路銀行的系統故障。從故障表現推斷，該故障應該來自於內部的計算機系統。國內學者王維安指出，銀行業的磁盤陣列破壞1小時的平均損失將達29,301美元。

第二，系統存在重大的安全缺陷，黑客侵入或者病毒被植入銀行系統，造成數據破壞，系統紊亂或損毀，致使大批客戶失去對該行的信任而流入他行。

第三，由於網路銀行一般使用同種或相似的系統或產品，一旦某家銀行出現問題，用戶就會猜疑其他銀行也將出現同樣問題，從而有可能降低網路銀行業的整體可信性。

（3）法律風險。法律風險是指有關網路交易的法律法規相對於網路銀行和電子貨幣的發展滯後。當網路銀行發生交易糾紛時，現行法律並無明確規定或規定不夠清晰，致使當事人無法分清各自責任，因此得不到法律的保護。由於網路銀行屬於新興業務，有關法律法規的不健全或尚未確立，必然導致交易的失效性及各方的權利義務不明。這主要表現在一些國家尚未有配套的法律法規與之相適應，銀行無法可依；或者是有相關法律但很不完善；另外各國關於網路銀行立法進度不完全一致，也增加了跨國經營網路銀行的法律風險。

#### 4.4.2.2 風險管理

一般認為，風險管理應從評估風險、管理和控製風險、監控風險三方面入手。

（1）評估風險。評估風險應持續進行，一般包括以下三個步驟：首先，應通過嚴格的分析過程以確定風險及量化風險。當不能量化風險時，管理層則應確定潛在的風險可能會以何種方式出現，以及該採用哪些應對措施。其次，確定銀行的實際風險承受能力。最後，管理層通過比較其實際風險承受能力與其評估的可能風險程度，以確定可能的風險程度是否在可承受範圍內。

（2）管理和控製風險。完成評估風險工作後，網路銀行管理層應該採取合理有效的措施來管理和控製風險。風險管理程序一般包括以下內容：實施安全策略和措施、測評及升級產品和服務、信息披露和客戶培訓等。網路銀行的管理層應當保證風險控製的部門獨立於業務部門，以保障管理和控製風險的效果。

（3）監控風險。得益於技術創新和金融創新，網路銀行業務和產品更新速度較快。創新一方面能夠提升網路銀行的競爭力，另一方面也要求網路銀行提高監控風險的能力。監控風險包括系統測試和監視、審計兩方面內容。監視屬於被動監控，而系統測試屬於主動監控。兩者結合才能夠最大限度地減少網路銀行的風險。審計人員的任務就是保障銀行制定了恰當的標準、策略和程序，並確保其始終遵守這些規定。

政府通過立法，科學、合理、準確地界定網路銀行與客戶之間的新型法律關係，明確雙方的權利義務及法律責任，這樣可以有效阻斷網路銀行和客戶之間的法律衝突，徹底改變現在網路銀行與客戶間各種複雜關係無法可依的混亂局面。目前國際巴塞爾委員會及各國銀行監管機構正關注網路銀行的發展並進行研究，但尚未就此立法進行監管。網路銀行的監管更加需要各國中央銀行在全球範圍內的通力協作及國際銀行監管組織的協調。

## 延伸閱讀：銀行物理網點「熱鬧」不再，未來何去何從？

中國電子銀行網　王曉麗　2017-08-10

「上次去銀行已經不記得是什麼時候了，我感覺一年最多也就去銀行一兩次。以前存取款、轉帳、買理財產品、生活繳費等都需要去銀行網點的櫃臺辦理，現在這些基本都可以通過手機完成。」北京市民王先生告訴中國電子銀行網小編。

王先生的情況並非個例，而是眾多市民生活方式的一個縮影。數據顯示，已經有15家銀行的離櫃業務率超過了90%，從近3年的數據來看，銀行物理網點的數量增速在放緩、櫃員配備情況也在逐年遞減。

銀行物理網點繁華褪去

近年來，隨著互聯網金融和移動支付的持續發展、場景化金融消費渠道的不斷增多，消費者行為模式和消費需求正不斷發生改變，去銀行物理網點的頻率越來越低。由此，業界引發了銀行網點是否會滅亡以及是否仍然具有存在價值的激烈討論。

一類觀點認為，一方面經營場所帶來的成本壓力也不言而喻；另一方面，以人工智能和移動互聯網為核心技術的金融科技正給銀行業帶來顛覆性變化，物理網點最終會消亡，目前沒有物理網點的銀行早已存在，如前海微眾銀行和網商銀行。

另一類觀點認為，物理網點擴張時代結束，但並不意味著銀行網點就已經無存在價值，一方面龐大的網點能帶來穩定的獲客和銷售渠道；另一方面，在互聯網無法普及的偏遠地區、受教育程度相對低的人群以及中老年群體中，物理網點依然扮演著重要的角色，只是銀行物理網點總體而言因地制宜地進行轉型。

無論是哪種說法，隨著網路金融及大數據應用的增加，理財、貸款、支付轉帳都可以在網上進行，傳統實體網點功能進一步弱化已是事實。《2016年中國互聯網金融發展報告》預測，10年內，銀行業勢必將從線下為主到線上線下結合再發展到以線上為主。

2017年銀行網點轉型，出路在哪裡??

網點是銀行服務客戶和經營管理的前沿陣地，也是最昂貴的經營渠道和主要的成本中心。為壓降成本、提高效益，眾多銀行都採取多種舉措，積極推進網點轉型。下面，我們來看一下一些典型銀行是如何做的。

ING Direct：全球最早的咖啡館銀行

ING Direct是由荷蘭國際集團於1997年在加拿大首創的直銷銀行，其品牌建設強調與行業傳統模式的脫離，實踐中，通過線下的ING咖啡館支持線上業務。

ING Direct在品牌行銷方面走上了與銀行業傳統模式不同的道路，它不設實體經營網點和ATM機，而是在關鍵城市，如洛杉磯、紐約、多倫多等設立具有理財顧問功能的咖啡館，作為其主要的線下服務網點。

ING Direct咖啡館的主要特色有：通過計算機終端，消費者可以登錄帳戶，咖啡吧提供免費的互聯網接入；將咖啡館店員都受過專業培訓，能夠以沒有術語的方式與客戶溝通對話，為客戶提供相關的金融服務建議；咖啡吧提供品牌標示的紀念品，並可

以出租，以在更廣範圍內推廣 ING Direct 品牌。

Poalim Digital：一個銀行員工都沒有的銀行網點

Hapoalim（以色列工人銀行）是以色列的第一大銀行，「Poalim Digital」是以色列工人銀行在特拉維夫市開設的一家銀行網點，也是以色列第一家全數字化網點，即便在全球範圍內也是罕見的一個典型示範。

這個新的網點是真正意義上的智能網點，旨在重新定義客戶的金融體驗。它的廳堂只有先進的自助機具，完全沒有任何一個銀行的員工，網點內肉眼所及的範圍內，沒有一張紙。Poalim Digital 雖然沒有員工在場服務，但卻號稱可以讓客戶完成絕大多數需要在銀行傳統網點才能辦理的業務。他們讓那些需要人工辦理、審核的業務全部通過平板電腦、智能手機、智能手錶、數字屏幕牆和交互式數字工作站來實現。

例如，客戶可以通過銀行的 APP 預約銀行家面談，藍牙檢測器也可以感知客戶何時進入網點並自動發送通知給銀行員工，而銀行員工的智能手錶也能讓其知道現場的哪些客戶需要幫忙，並向他們請求了援助。還有一些諸如現場即時、雙向的視頻聊天，為客戶提供有效的投資諮詢服務等亮點。

Poalim 還有一個數字化商店，內置在牆上的交互式觸摸屏中，能讓客戶自行探索銀行的產品和服務。除此之外，桌面同樣是一個數字化觸摸屏，能讓銀行員工和客戶進行互動。

運通銀行：打造基於社區經營的 O2O 社交銀行

社區範圍內銀行與客戶的接觸點僅有網點，客戶觸點少，另一方面客戶多數聚集在社交平臺。這就需要解決網點客戶拓展與經營的問題，即如何更積極主動地獲客？如何快速且大量在網點周邊集客、獲客？如何創造高頻持續的客戶互動？如何讓客戶更願意參與到銀行的活動中？如何利用移動互聯網聯盟社區商戶，共同為小區提供生活服務？

所以，利用移動互聯網技術和社交媒體技術，構建一個基於社區經營的 O2O 社交銀行平臺，導入並發展「社交平臺+網點」的客戶關係創新經營模式，或許是大多數銀行的最佳選擇。

在美國，社交銀行已經有所實踐並日趨成熟。例如，美國運通銀行很早就開始社交網路的推廣和營運，並不斷開展在社交網路的品牌影響力和各種行銷活動。美國運通自己搭建社交平臺，持續關注社交互動，不僅關注客戶本身，也關注銀行的合作夥伴，反而不是銀行自己。它提供巨額獎勵和推廣活動凝聚粉絲核心群體，如寧辦為其 Facebook 主頁點讚等有獎活動，想方設法把 Facebook 主頁變成娛樂中心，而不僅是信息中心。

2010 年，美國運通推出一個「小商業星期六」的簡單活動，初衷是鼓勵消費者在本地商店多消費，推出後大受歡迎，僅三個星期就增加了 100 多萬粉絲。美國運通認識到，社交網路的行銷潛力十分巨大，因此在 Facebook、Twitter、Youtube 上不斷加大投入。

富國銀行：面積僅為傳統網點 1/3 的迷你網點大行其道

一個傳統的富國銀行網點，占地面積通常在 3,000~4,000 平方尺之間，這種新型

的小網點面積在 1,000 平方尺（約合 111 平方米）左右，在富國銀行內部，他們稱之為「鄰里銀行」，與大多數新概念網點一樣，富國在這類迷你網點內實現了全程無紙化辦公，迷你網點的各種各樣的自助機具，可以實現開卡、存取款、電子回單等一系列業務的自助辦理。

同時，能洞悉客戶需求的 ATM 也被引入到迷你網點中。這種新型 ATM 的創新點在於其觸控界面上有一列「收藏夾」，通過運用預測分析，ATM 機可根據客戶過往辦理的業務交易和客戶喜好，從而展示客戶所想。

但是富國銀行強調，客戶前來網點並不希望只與機器對話，與銀行員工的一對一溝通也非常重要。所以，富國一方面提供多種自助機具、免費 Wifi，另一方面也設立了相對私密的理財室。

平均來看，這種迷你網點的建設及營運成本約為傳統網點的 50%～60%，這意味著當富國銀行可以用一個傳統網點的成本開設兩個深入社區一線的迷你網點。

# 第 5 章　網路證券

## 5.1　網路證券的發展

網路證券市場是隨著計算機互聯網技術的發展，及其在證券的發行與交易等業務活動中廣泛運用而形成的一種新的證券市場形式。因此，在網路證券市場與傳統的證券市場之間存在密切而自然的聯繫，它的形成與發展只是傳統證券市場的形式演變與發展的新階段。具體而言，網路證券市場的形成與發展主要經歷了三個時期。

### 5.1.1　網路證券的萌芽時期

網路證券早期被稱作電子證券，這一名詞最早在 20 世紀 60 年代出現在美國電子證券掛牌交易的「第二市場」上。由於當時電子計算機剛剛問世不久，價格昂貴，只有美國、日本、英國、德國等先進國家為數不多的交易所和證券公司採用，其數據化程序的應用只局限於交易所和證券公司內部信息處理及清算業務。20 世紀 60 年代後期，美國和日本推出了計算機聯機處理控製系統，這一新技術出現以後，分別被紐約證券交易所、日本東京證券交易所等大型交易所和公司採用，並將總部的中央處理機與一些主要的分支機構的計算機聯成網路。利用計算機聯網向各分支機構傳送證券交易信息和即時指令，管理公司帳戶、進行會計核算以及整理通報信息。從此，證券交易業務發生了根本的變化，逐步改變了過去那種手工操作的局面。

### 5.1.2　網路證券的形成時期

20 世紀 70 年代後，隨著計算機的推廣和普及，帶來了證券市場資本虛擬化信息流通的革命，從而加速了電子證券的迅速深化與形成。1971 年美國創建了世界第一家網路化證券市場，即納斯達克（NASDAQ）證券市場。納斯達克證券市場由兩部分組成：一是全國市場（National Market System，簡稱 NMS），也稱為主板市場或一級市場；二是小型資本市場（Small Order Execution System，簡稱 SOES），也稱第二板市場或二級市場。納斯達克證券市場的創立，既標誌著網路證券的興起，同時又繼承了傳統證券市場的優良傳統，實現了資本運作與現代技術的交融。

### 5.1.3　網路證券的發展時期

當歷史進入 20 世紀 90 年代後，信息網路革命使整個世界發生了翻天覆地的變革。1992 年，在歷時 5 年的研究開發之後，芝加哥商品交易所、芝加哥交易會和英國「路

透社」（Reuters）共同推出了一個稱為 Globex 的全球交易執行系統。從此這兩個交易所的成員便能夠全天候地同世界任何地點進行期貨合同和其他證券交易。這一系統的營運不僅把一國內的證券網聯通起來，而且通過 Internet 和通信網將世界多國的金融網聯通。到 1993 年這一系統已聯通 120 多個國家，安裝了幾十萬個終端，經營幾百種世界級證券和上萬種美國、歐洲乃至世界各國的股票，從而標誌著無國界的網路證券市場已經形成，也標誌著網路證券已進入網路化的發展時期。

## 5.2　網路證券概述

### 5.2.1　網路證券的概念

顧名思義，網路證券就是在網路開展證券業務。證券是各類財產所有權或債權憑證的通稱，是用來證明證券持有人有權依票面所載內容，取得相應權益的憑證。證券按其性質不同，可以分為證據證券、憑證證券和有價證券三大類。本書所講的網路證券是指在網路開展的有價證券業務，有價證券本質仍然是一種交易契約或合同，不過與其他證券的不同之處在於：任何有價證券都有一定的面值；任何有價證券都可以自由轉讓；任何有價證券本身都有價格；任何有價證券都能給其持有人在將來帶來一定的收益。從實物上來講，符合上述特徵的有價證券有股票、基金、債券及其衍生品等。因此，網路證券又分為網路股票、網路基金、網路債券等，就是說網路證券是網路股票、網路基金、網路債券等的總稱。

網路證券是電子商務條件下的證券業務的創新，是證券業以 Internet 網等信息網路為媒介，為客戶提供的一種全新商業服務。從服務內容上講，網路證券包括有價證券投資資訊（國內外經濟信息、政府政策、證券行情）、網路證券投資顧問、網路證券發行、網路證券買賣、網路證券推介等多種投資理財服務活動。因此，從概念上講，網路證券有廣義和狹義之分。廣義上的網路證券包括了上述所有的服務內容，是指投資者通過互聯網來得到證券的即時報價、獲取相關投資諮詢信息、分析市場行情並利用互聯網下單到實物證券交易所或網路虛擬交易所，實現實時交易的買賣過程。狹義的網路證券指的僅僅是網路證券交易，即投資者利用互聯網通過券商網路交易系統進入實物交易所進行交易，就是我們通常所說的「網路證券交易」。它一般是指客戶利用計算機等在線或無線設備發出交易指令，通過互聯網傳遞到證券公司或其營業部，或者通過互聯網進入網路服務提供商 ISP（Internet Service Provider）設置的券商服務器，再通過券商網路將指令發送到交易所進行交易。這種交易方式不是完全在互聯網路進行的，實際上是一種準網路證券交易。這也是目前中國網路證券交易的唯一模式。

### 5.2.2　網路證券的特徵

網路證券於證券業而言影響尤其重大。

第一，無可限量的信息資源，加快證券市場信息流動速度，提高資源配置效率。

由於互聯網的迅猛發展使得信息傳播的速度以及信息量都有了很大的提高，網路證券交易能夠提供給投資者更全面快捷的資訊服務。投資者通過互聯網做出投資決策時，可以獲得詳細的咨訊。

第二，證券市場範圍將大幅度擴大，並打破時空界限。理論上說，證券商只要擁有一個網址就可以無限擴大自己的客戶群體，這些客戶可以是同城的也可以是異地的，甚至可以來自不同的國家。以往證券投資者主要集中在大中城市，網路證券卻使得越來越多的中小城鎮和農村居民有可能加入到證券投資者的行列。

第三，證券發行方式將發生根本性改進。傳統的證券發行是由證券商負責的，證券商利用自己的或別人的營業網點，等待投資者上門認購。儘管認購方式有很多種，如抽籤方式、銀行存款方式等，但是仍然存在著銷售成本上升、銷售效率低下、市場缺乏公平性等問題。

第四，利用 Internet 還能直接針對廣大公眾進行宣傳介紹。如許多證券類網站都為發行人提供路演服務。例如中國證券網推出一個名為「中國證券路演」的服務項目，專門為各上市公司提供網路推介會、消息發布會、企業形象宣傳等各種大型活動，並承諾對在「中國證券路演中心」路演的上市公司，該中心將提供高效的策劃和組織服務，並提供全面的技術支持和人員支持。同時中國證券網報導全面，信息權威，傳播迅速，擁有廣泛的訪問用戶，中國證券網舉辦的各種路演活動有著較高的信譽和良好的群眾基礎。通過「中國證券路演中心」，上市公司將能以最經濟的費用，在最短的時間內，收到良好的推介效果，這對發行人來說是很具有誘惑力的。

第五，證券交易方式改變當然是網路證券的明顯特徵。隨著證券發行的網路化，證券交易也在不斷地網路化。Internet 克服了時差障礙，使得 24 小時不間斷交易成為現實。不僅某一個交易系統的交易時間不會間斷，Internet 將連接全球眾多的交易系統，設在紐約、東京、巴黎、倫敦和上海的交易系統將會平等進入市場，供投資者任意選擇。

第六，網路證券還有利於降低交易風險，提高交易效率，降低交易成本。由於簡化了交易環節，證券公司有可能更好地控制交易過程中的各種風險，並能對交易的各個環節進行全程監控。計算機處理能力的增強提高了證券交易的撮合效率，網路傳輸能力的提高加快了信息交換效率，因此證券市場對信息反應的靈敏度有很大提高。由於網路交易對證券公司來講運行費用較低，所以收費標準和其他的收費標準相比最低，而提供的服務和傳統證券商相比卻相差無幾。

第七，網路證券也有利於吸引遊資，可吸引大量銀行活期存款客戶進行交易。網路的普及使得很多人可以隨時隨地進行證券交易，證券買賣變得方便快捷，因此可以吸引更多的人參與證券市場投資。由於證券帳戶和銀行帳戶具有很方便的交換性，所以客戶可以在瞬間把銀行帳戶的活期存款轉入證券帳戶進行交易。

### 5.2.3 網路證券的發展趨勢

隨著網路證券業務的不斷推廣，證券市場將逐漸從「有形」的市場過渡到「無形」的市場，現在的證券交易營業大廳將會逐漸失去其原有的功能，遠程終端交易、

網路交易將會成為未來證券交易方式的主流。網路證券對未來證券市場發展的影響主要表現在如下方面。

#### 5.2.3.1 證券業的經營理念將在實踐中發生變化

隨著網路證券業務的推廣，富麗堂皇的營業大廳和雄偉氣派的建築不再是證券公司實力的象徵，靠舖攤設點擴張規模的方式將會顯得黯然失色。取而代之的是，依託最新的電子化成果，積極為客戶提供投資諮詢、代客理財等金融服務，發展與企業併購重組、推薦上市、境內外直接融資等有關的投資銀行業務，努力建立和拓展龐大的客戶群體將成為其主營目標。

#### 5.2.3.2 網路證券交易實現方式趨向於多元化

中國互聯網路信息中心（CNNIC）在 2017 年 1 月 22 日發布的第三十九次《中國互聯網路發展狀況統計報告》顯示：截至 2016 年 12 月，中國網民規模達 7.31 億人，手機網民規模達 6.95 億人，互聯網普及率達到 53.2%，超過全球平均水平 3.1 個百分點，超過亞洲平均水平 7.6 個百分點；中國 2016 年全年共計新增網民 4,299 萬人，增長率為 6.2%，新增網民中使用手機上網的群體占比達到 80.7%，較 2015 年增長 9.2 個百分點。見圖 5.1。

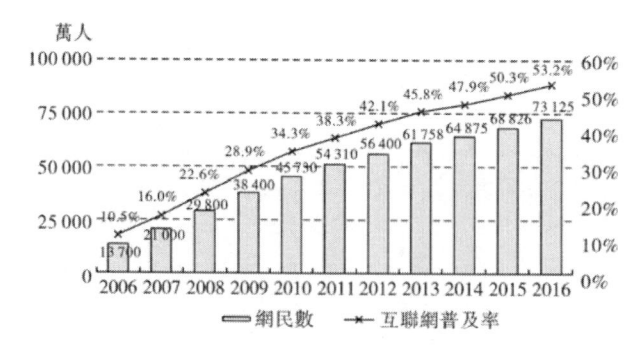

圖 5.1　中國網民規模和互聯網普及率

因此，突破 Web+PC 的網路交易模式，使投資者可以借助電腦、手機、手提式電子設備對券商收發各種格式的數據報告來完成委託、撤單、轉帳等全部交易手續這是中國網路證券交易發展的必然方向。

#### 5.2.3.3 證券業的行銷方式在管理創新中不斷地變化

未來的證券公司的市場行銷將不再依賴於行銷人員的四面出擊，而把更多的精力集中於網路行銷。證券公司通過網路瞭解客戶的需求，並據此確定行銷的策略和方式，再將自己的優勢和能夠提供的服務通過網路反饋給客戶，從而達到宣傳自己、推銷自己的目的。

#### 5.2.3.4 集中式網路交易成為一種發展趨勢

隨著技術的進步，互聯網用戶呈幾何級數增長及證券市場的日趨成熟，中國證券行業正在向集中交易、集中清算、集中管理及規模化和集團化的經營方式轉換。網路

交易採用這一經營模式，更有利於整合券商的資源，實現資源共享，節約交易成本與管理費用，增強監管和風險控製能力。根據互聯網路信息中心（CNNIC）發布的《第20次中國互聯網路發展狀況統計報告》的數據顯示，有20%的網民使用網路銀行和網路炒股。中國網路炒股的比例已與互聯網普及率高的美國相當。

#### 5.2.3.5 證券業的經營策略發生了變化

在目前網路互聯、信息共享的信息社會裡，證券公司將不再單純依靠自身力量來發展業務，而是利用自身優勢建立與銀行、郵電等行業的合作關係。各行業在優勢互補、互惠互利的前提下聯手為客戶提供全方位、多層次的立體式交叉服務。這種合作會給各方帶來成本的降低和客源的增加，從而達到增收節支、擴大業務的目的。

#### 5.2.3.6 網路經紀與全方位服務融合

在目前網路互聯、信息共享的時代，企業可繞過證券金融機構，直接通過互聯網公開發行股票來募集資金，甚至自己開展交易活動。這在美國已經有了先例，其使得金融業仲介人的地位面臨嚴重的挑戰。同時，在固定佣金政策的大背景下，國內券商提前從價格競爭進入了服務競爭階段。價格競爭的直接結果是導致網路交易佣金費率的降低，當競爭達到一定程度，僅靠減佣金模式已不能維持下去時，全方位服務模式就會出現。這時候，券商的收入將由單一的經紀佣金轉向綜合性的資產管理費用。

#### 5.2.3.7 網路證券交易以更快的速度向農村和偏遠地區發展

根據互聯網信息中心統計數據，截至 2008 年 12 月底，中國農村網民規模達到 8,460 萬人，這將較好地改善目前中國大多數縣、縣級市沒有證券營業部，投資者買賣股票不便的問題。據調查，在中國廣東、江浙一帶，許多縣、鎮經濟發達，卻沒有一家證券營業部。網民規模的擴大、網路交易的普及、交易網路的無限延伸，將使中國的小城市和農村居民變成潛在的股民，使很多原來沒有條件進行股票買賣的人加入到股民的隊伍中來。

## 5.3 網路證券業務

### 5.3.1 網路證券業務與傳統證券業務的比較

網路證券具有傳統證券無法比擬的功能與服務優勢，有自己獨特嚴謹而有序的業務系統和複雜而龐大的技術系統。

#### 5.3.1.1 新股推介方式方面

傳統推介方式是舉辦推介會，規模龐大，投入的人手多，成本高，而且傳統推介僅局限於某些地點，宣傳效果頗受限制。網路路演則在很大限度上克服了傳統推介方式的缺陷，它只需要少數核心人員，在網路面向廣大投資者進行推介，成本較低。而且，網路路演能夠在網路與廣大投資者進行直接溝通，雙方互動性強，宣傳效果好。

#### 5.3.1.2 發行業務方面

互聯網的出現和延伸，使證券的發行渠道更為直接和開放，也使招股人和投資者之間的聯繫更為緊密。中國證券市場經歷了發售認購證、與銀行存款掛勾配售、「上網」競價發行、「上網」定價與二級市場配售相結合等發行方式的演變。這裡的「上網」，並不是指 Internet，而是交易所的內部交易系統。相比之下，網路證券發行是指通過互聯網直接進行的證券發行業務，其適用範圍已經突破了證券公司及其營業部的地域限制。投資者只要上網，就可以申購新股，而且其速度、效率遠遠超過傳統發行方式。

#### 5.3.1.3 經紀業務方面

傳統證券交易業務主要通過櫃臺委託、自動委託等方式進行，後來逐步過渡到電話委託、大戶室自助終端和遠程大戶室等，速度和效率都有了較大提高。與此不同，網路證券交易則是以網路為平臺，在線下單進行交易。兩者比較，傳統證券交易無論是速度、效率、內容，還是在適用的地域範圍等方面，都與網路交易有明顯的差距。

#### 5.3.1.4 支付方式方面

傳統支付方式是通過銀行存入現金，然後才能買賣證券，手續十分繁瑣，需要經常往返銀行和證券營業部之間排著長龍等候存取款。現代網路證券的支付是通過銀證轉帳、銀證通等方式實現的。投資者足不出戶，只要在家中上網或打電話在銀行帳戶和證券帳戶之間進行轉帳，瞬間即可完成。

#### 5.3.1.5 信息服務方面

傳統服務方式主要是通過傳真、報紙、股評會等方式進行，信息量少，信息不夠及時，成本較高而且互動效果不好。相比之下，網路信息系統不僅可以迅速地提供大量信息，信息共享效果好，互動性強，而且信息可以隨時更新，也不受限制。更重要的是，網路信息服務具有傳統服務所無法比擬的成本優勢。從以上分析可以看出，與傳統證券業務相比，網路證券服務減少了交易中間環節，提高了整個證券市場的效率，在信息服務方面，成本、時間和空間無限擴張，優質服務方面更具有無可比擬的優勢。因此利用互聯網提供的各種服務在證券市場迅速發展，而且從發展趨勢看，證券業務將進一步與網路技術結合，成為證券市場改革與發展的一個重要方面。

### 5.3.2 網路證券市場的運作模式

網路證券交易的基本運作模式是 B2C 模式，即由證券公司通過 Internet 對作為零售客戶的投資者提供各種一對一的服務。目前國內證券公司的網路交易基本上形成了五種具體模式。

#### 5.3.2.1 證券公司下屬網路交易中心（券商獨立網站）模式

這種形式在證券交易公司中普遍存在，其中較有代表性的有華泰證券網、海通證券的海通證券網、青海證券的數碼證券網等。這類證券交易公司的交易和服務網站隸

屬於證券公司的一個服務部門。這一模式的優點在於證券公司可以直接將其他傳統市場上的服務通過網站提供給網路客戶，券商的服務優勢可以充分地發揮出來；其缺陷則在於專用網站的建設需要大量的資金投入，這是中小券商所力不能及的。

5.3.2.2 　純粹的金融證券服務類網站模式

這種網路證券交易模式的典型有中國證券網、贏時通中國證券公司服務網、和訊網、證券之星網等。這些網站的證券交易由各證券公司營業部租用其網路交易平臺來實現的。如贏時通目前有70多家不同證券公司的營業部租用其網路交易平臺。這一模式的優點在於網站建制的規模和技術優勢得以充分體現；其缺陷在於證券服務的內容和專業水平的信任度會受到客戶的質疑。

5.3.2.3 　商業銀行的銀證通服務類網站模式

商業銀行利用其現有的服務網路設施建立的網路交易平臺，比如招商網通證券，就屬於這一模式。這一模式為金融業務從分業經營向混業經營過渡之後，商業銀行直接參與證券市場業務創造了條件，其優點在於網路證券服務與網路銀行服務緊密結合，專業網站建設的規模優勢得以充分體現；但其缺陷同樣在於證券服務的內容和專業水平的信任度會受到質疑。

5.3.2.4 　證券公司與IT公司合資組建網路證券委託通道

2000年8月初，上述模式合二為一的第四種模式出現，這就是陝西網都模式。陝西網都是由陝國投和贏時通共同出資組建的具有獨立法人資格的證券交易網站。該網站不僅代理陝國投下屬證券營業部的經紀業務，而且作為獨立的證券交易代理網站，網都還廣泛代理陝西地區其他證券公司的經紀業務。《網路證券經紀公司管理暫行辦法》對這一點的規定是，網路證券經紀公司的股東資格必須符合法律、法規和中國證監會有關規定，其主要出資人或發起人必須是證券公司或信息技術公司，主要出資人或發起人的出資額不低於網路證券經紀公司註冊資本的20%。這種模式的優勢在於：在享有控股地位的前提下，充分利用了專業網站的資源，尤其是人力資源和相對壟斷的電信資源。強大的區域性壟斷（與陝西電信局簽訂了排他性的電子商務協議）優勢使其可能獲得其他證券營業部的客戶，甚至可以出租交易平臺獲得租金收入。

5.3.2.5 　證券公司收購網路委託交易信道

廣東證券收購國內較知名的「盛潤網路」的案例，代表了國內證券公司開拓網路證券委託的一條捷徑。「盛潤網路」是最早從事網路證券委託的IT公司，曾因定位於「e證券公司」而獲得過境外風險投資的支持，在《網路證券委託暫行管理辦法》出抬之後，IT公司只能為證券公司網路證券委託提供交易平臺與技術支持。廣東證券收購「盛潤網路」，形成了雙贏格局。證券公司通過這種方式開展網路證券委託。

因此可以說條條大路通羅馬，券商除了自建和收購網站以外，還可以通過指定、租用甚至參股其他網站的方式開展網路交易；而專業網站也可以向證監會申請網路證券經紀和交易資格或吸收券商入股進行合資經營。在這個領域裡，券商擁有資金和專業性兩大傳統優勢，而成熟網站的優勢則體現在品牌、信息量、人才結構和用戶關注

度方面，雙方具有很強的互補性。把兩者整合在一起，潛在的網路客戶和交易功能就能被充分發掘出來，從而達到資源的優化配置。從長遠來看，券商和網站應該攜起手來，積極探索新的思路，共同把市場做得更大。

## 5.4　網路證券的挑戰和應對策略

網路證券交易可以提高證券市場交易效率，減少交易成本，但同時也給證券市場監管帶來了新的挑戰、給證券交易糾紛的處理帶來了新的難題，並帶來新的安全和風險。

### 5.4.1　網路證券的風險

#### 5.4.1.1　交易安全風險

網路證券交易，既是證券交易活動，又是一種電子商務過程。由於網路證券交易的這種兩重性，決定了在網路證券交易中，既包含了傳統交易業務的成分，又具有電子商務的成分。因此，在交易過程的各環節產生的安全性風險以及對這些風險的防範是十分重要的。網路委託的相關技術尚處於探索發展階段，各種安全防範技術並不完善，存在的主要風險有以下三種：一是網路委託的技術系統被攻擊、入侵、破壞，導致網路委託無法正常進行；二是委託指令、客戶資料以及資金數據等被盜取或篡改，甚至造成資金損失；三是發布虛假信息，誤導投資者，操縱市場。

為防範這些風險，需要採取以下的措施：第一，技術系統必須達到一定的標準，例如，要有實時監控和安全審計功能，要與其他業務系統在技術上隔離，要有完善的數據備份和故障恢復手段，數據加密、身分認證等關鍵技術要經過權威機構認證；第二，對業務管理有嚴格的要求，如證券公司要制訂專門的管理制度，要向客戶說明可能出現的各種風險，定期向客戶提供書面對帳單，限製單筆委託最大金額以及單日成交最大金額。通過技術和管理兩類措施，可以有效地控制網路委託的系統風險。

#### 5.4.1.2　資金風險

資金風險主要來自於銀證轉帳。所謂銀證轉帳，是指投資者以電子方式，在其證券資金帳戶和其他帳戶之間直接劃轉資金。目前通過電話或網路銀行手段，技術上可實現這種銀證轉帳。例如，投資者持有某些種類的銀行信用卡，通過撥打銀行或證券公司提供的電話號碼，按指令操作，有可能在證券帳戶與信用卡帳戶之間劃轉資金。根據分業經營的原則，需隔離證券交易和商業銀行業務的風險；為了防止網路委託的數據受到非法竊取或改動，以致通過網路將非法收益轉入銀行帳戶，開展網路委託業務的證券公司不能直接向客戶提供網路或電話形式的轉帳業務，採用網路委託方式的投資者，可以使用商業銀行提供的銀證轉帳業務。

網路轉帳功能一方面給投資者提供了方便，使投資者足不出戶就可以在家中進行資金的劃轉，使網路證券交易的快捷、便利的特性得到了充分的發揮；另一方面，網

路轉帳功能又給投資者帶來一定的風險。做好網路證券交易的銀證轉帳風險控製，提供安全便捷的資金劃轉，能夠對網路證券交易起到促進作用。

#### 5.4.1.3 對交易主體的挑戰

實行網路證券交易後，證券交易所面臨的挑戰主要表現在以下幾個方面：技術系統應用面臨潛在競爭，有關信息披露的文件和有關材料的傳遞需要更新，網路發行股票的管理和證券交易所業務監管的重建，此外有關清算的流程也面臨重新設計的問題等。對證券公司而言，實行網路證券交易後其在內部所面臨的風險主要分佈在技術安全與業務監管兩個方面，而在外部生存環境方面可能面臨的主要是銀行業與可能成為網路證券交易商的IT公司的挑戰。具體包括：公司內部管理的重組，主要是指「營業部」的變化及其管理與證券業務的軟硬件分離及其管理；公司網頁交易模塊與諮詢服務模塊的監控；證券公司面臨加強整體管理的需要；股市交易行情波動對業務穩定性的影響。此外，網路證券交易也使證券公司面臨其他問題，如信用問題、網路安全性、速度和穩定性、交易成本控製和預期收益與成本的不對稱性。

網路證券委託提供了一種方便快捷的方式，但也伴隨著相應的風險。要防範網路委託的各類風險，投資者的自我保護非常重要。第一，應從安全性、穩定性、信息質量、傳輸速度、技術服務等方面綜合比較，選擇進行網路委託的網站及其相應的證券公司。第二，要及時檢查委託成交情況以及清算結果，檢查證券公司提交的書面對帳單，發現問題要及時通知證券公司，積極協助進行妥善處理。第三，要通過學習或諮詢，選擇並使用適當的安全防範技術，如密碼設置、數據備份等，不能為了方便而省去必要的安全操作，各類數據和資料要安全存放。第四，要注意核實證券公司開展網路委託業務的資格，認真閱讀與證券公司簽訂的有關協議文本，明確雙方的法律責任。第五，要注意分析、核實從網路獲取的各類信息，做一個成熟的投資者。

### 5.4.2 發展網路證券的對策建議

當網路證券交易憑藉著傳統交易方式所無法比擬的優勢迅速發展的時候，其缺陷和不足也日益凸現出來。而目前中國網路證券交易的發展中面臨的問題則更多，我們應採取相應的對策，以激發投資者進行網路交易的熱情，推動網路證券交易的進一步發展。

第一，應盡快出抬與《網路證券委託暫行管理辦法》相配套的法律、法規，完善各種技術和制度規範，保證網路交易安全，防止密碼被盜、交易指定被篡改以及交易對帳不清等問題發生，為證券公司開展網路證券經紀業務創造良好的外部環境，讓證券公司放開手腳開展網路證券經紀業務。

第二，加強監管，建立與網路交易相配套的監管體系。加強對網路交易市場的監管，統一標準對網路交易系統進行認證，對IT公司介入證券類服務分清責任，並制定有關法律法規，以保證網路交易在規範、有序、高效的軌道內運行；將證券公司網路交易委託系統的運行情況納入對證券公司的現場檢查內容，定期進行檢查。根據互聯網技術發展趨勢，要求證券公司及時提高網路運行的安全性。教育和引導投資者正確

認識網路證券委託可能存在的風險。堅決打擊利用互聯網進行證券犯罪的活動。

第三，拆除行業壁壘。中國證券網路交易的行業壁壘相當高，屬特許項目，只有證券公司方可合法經營，導致中國證券網站普遍存在「擺地攤」現象。IT 背景的證券網站擁有先進的電腦和網路，卻沒有獲得證券經紀資格；證券公司已獲得證券經紀資格並擁有雄厚的證券研究、諮詢力量，但在網路技術方面明顯落後於 IT 背景的網站。應加強證券公司、網路公司、銀行之間的在投資諮詢、網路、開戶網點等方面的合作，鼓勵專業證券網路公司及經紀業務的專業化發展。

第四，轉換經營理念，為客戶提供個性化的信息諮詢服務。證券電子商務的出現使證券從業人員的服務方式和服務內容發生了重大變化。以高層次、智能化、個性化服務為特徵的信息諮詢服務已成為證券公司之間競爭的關鍵，特別是隨著高速簡潔、雙向互動的互聯網委託管理系統的出現，投資銀行業務、個股推介、財經信息、證券業務、經紀業務、理財業務等成為證券公司網路服務的主要內容。

第五，降低網路交易成本。網路交易與傳統交易方式的主要成本差異包括網路交易新增的通信費（上網費）、初始設備投資與網路運行費，同時減少了傳統交易方式的時間成本、運行成本、填單報單成本。網路交易的盛行必須使得前者的成本增加低於後者的成本減少。

第六，提高中國證券市場網路化水平。證券網路交易首先要有一個高效率的「網」，各個交易商的機器必須與證券交易終端相連接，通信線路必須暢通，證券網路交易人員要有一定的網路操作水平。證券網路交易對網路的安全性要求很高，必須加強網路的安全檢查工作。因為電腦病毒一旦侵入證券交易網，將會導致證券市場的混亂，引起無比巨大的損失。

第七，提高網路交易安全性。證券網路交易經過的環節遠多於面對面的營業部交易環節。如果通信系統線路不穩定，下單交易傳輸的可靠性和保密性得不到保證，就會增加證券網路交易的風險。比如，通過 ISP 網站進行的網路證券交易，常常涉及電信局、ISP 以及證券公司營業部的線路和設備問題。為了提高這些設備和線路的可靠性，必須有專人維護、保養，使設備輪流接受檢查和修理，確保在實際運行中不出問題。因此，為了保證證券網路交易的可靠性和保密性，必須保證營業部客戶只能通過網路交易軟件登錄營業部的服務器，而且軟件由營業部單獨提供，防止一些病毒被客戶帶入網路系統。此外，還要對每筆交易進行加密保護。

### 延伸閱讀：遊走在監管邊緣的互聯網證券：多達百家存風險

北京商報　閆瑾　岳品瑜　2016 年 08 月 01 日

在證監會發出非法證券期貨、境外炒股風險警示後，北京商報記者近日調查發現，市場上涉及美股、港股以及 A 股證券投資業務的互聯網證券平臺可能有上百家之多。但在分析人士看來，國內的互聯網證券業務存在不少風險，如投資海外市場風險較大、監管空白；國內大部分互聯網股票平臺沒有投資顧問牌照。同時如果開戶未跳轉至券商很可能出現資金損失風險等。

## 模式不明定位不清

「買什麼股票」「什麼價格買」「什麼價格賣」……對於不少炒股人士，最關心的話題莫過於以上三個，正因為投資者有這樣那樣的「薦股」需求，互聯網證券平臺應運而生。北京商報記者調查後瞭解到，目前市面上的互聯網證券平臺大大小小可能有上百家之多，不過各家平臺的商業模式和種類各不相同，如BATJ等大型互聯網平臺中，360股票、百度股市通、騰訊（318.8，-5.20，-1.60%）自選股、京東股票、螞蟻聚寶上的行情查詢等；而同花順、大智慧、東方財富網則屬於資深的股票平臺和軟件。

此外還有一些炒股App，如雪球、牛股王、牛仔網、金貝塔、公牛炒股、仙人掌股票、愛股票、股票雷達等；另一類就是投顧類平臺，包括投顧大師、愛投顧、跟投、好投顧、微量網、慧理財、資配易、勝算在握等。

不過，北京商報記者注意到不管是大平臺還是小App，都有模式不明、定位不清、牌照缺失的尷尬。如360股票是奇虎360旗下360金融服務平臺推出的股票產品，主要的模式是股市直播、投研觀點、實時行情等，雖然也可以進行開戶，但到了開戶流程就跳轉至第一創業的開戶頁面。而在360股票官網的新聞中心裡，唯一的一篇文章介紹今年5月360股票上線，其中提到360可能會收購券商，但是直到現在還未有更多消息傳出。

此前雖然阿里旗下的螞蟻金服先後獲得券商牌照、香港地區經紀業務資格並收購德邦證券，實現港股、A股選購；騰訊早在2012年就推出自選股功能，並投資了提供港股、美股和A股投資交易服務的券商富途證券；百度則推出了「百度股市通」，並與國金證券保持戰略合作，但是北京商報記者注意到，這些平臺的業務還多僅限於查詢、投資顧問諮詢、跳轉開戶一些基礎業務。

人人操盤CEO顧崇倫直言，目前互聯網證券平臺的形式眾多，但總體而言，多數也僅能夠提供行情、資訊，以工具屬性為主，結合部分模擬組合展示和基於此的社交屬性擴展，從交易層面而言，這些工具屬性平臺，多數可以通過與券商合作，為券商導流開戶，但交易環節上根據相關要求，用戶的指令必須直達券商，而不得通過第三方互聯網平臺進行間接的傳遞。這同樣一定程度限制了基於這些功能可能展開的一些創新，比如智能投顧、實盤跟投、互聯網資產管理平臺模式等等。

同時，北京商報記者注意到，證監會警示稱，目前除合格境內機構投資者（QDII）、「滬港通」機制外，未批准任何境內外機構開展為境內投資者參與境外證券交易提供服務的業務。在註冊登錄牛股王App後，就可以進行基金實盤交易、A股實盤交易和港美股實盤交易功能，而港美股實盤開戶合作者為海外資產投資平臺寰盈證券，但在其官網並未看到監管層頒發的相應牌照或資格證件。

「由於互聯網的存在，即使在老虎證券沒有出現之前，境內投資者其實也可以通過互聯網直接在海外券商進行開戶。由於國內券商等正規金融機構均沒有提供相關業務，可能也是因為需要嚴格遵守相關法律法規和監管規定；另一方面，美股交易需要美元的支持，這對於資金的流出會造成較大的影響，也會變相滋生很多地下錢莊的外匯業務，使得境內資金通過非正規的渠道流出。」顧崇倫認為。

更重要的是，顧崇倫補充道，國外的證券形態與國內不同，並不存在三方存管類似的機制。用戶打款給海外的證券公司，並進行相應的業務開展，也就是說證券公司理論上存在跑路、倒閉等的可能性，從而對用戶造成損失。

牌照空缺合規風險大

不少互聯網證券平臺都有從事證券投資諮詢業務，在分析人士看來，互聯網平臺從事這部分業務的最大風險在於合規風險。

此前有媒體報導，深圳證監局針對證券期貨經營機構業務整改發布《關於證券期貨經營機構與互聯網企業合作開展業務自查整改的通知》（以下簡稱《通知》）提到，「提供投資顧問服務人員應符合相應資質條件與法規要求，以及提供投顧平臺的公司須取得證監會許可。未經許可開展此類業務屬於非法經營證券業務活動」。

在著名經濟學家宋清輝看來，根據這個監管要求，要求平臺必須具備投資顧問牌照才能從事投資顧問的業務，沒有牌照從事投資顧問業務，存在被查處的風險。

蘇寧金融研究院高級研究員薛洪言也表示，目前投資顧問行業唯一的牌照是證券投資諮詢業務許可證，1997年出抬的《證券、期貨投資諮詢管理暫行辦法》明確規定「從事證券、期貨投資諮詢業務，必須依照本辦法的規定，取得中國證監會的業務許可」。若平臺投資顧問的業務類別涉及證券投資，需要持有證券投資諮詢業務許可證。

在他看來，從目前涉足投顧領域的平臺而言，主要分為三類：一類是為客戶提供投資組合推薦，為平臺上的貨幣基金、股票基金、理財產品、保險產品等進行導流，不涉及具體證券的買賣建議；第二類平臺的投顧業務本質上屬於平臺發行的定制化ETF組合產品，顧客直接購買平臺發行的產品即可，也不涉及具體證券投資的諮詢問題；第三類平臺涉及證券分析、具體投資建議等業務，屬於比較典型的證券投資諮詢業務，需要持有相關牌照。

根據證監會官網最新披露的證券投資諮詢機構名錄顯示，目前已經獲得證券投資諮詢牌照的公司只有84家。一位互聯網證券平臺負責人表示，證券投資諮詢牌照已經暫停了很多年，最近五六年才開始做證券投資諮詢業務的平臺基本都沒有這個牌照。

實際上，此前證券投資諮詢牌照門檻並不高。薛洪言表示，證券投資諮詢屬於門檻較低的牌照，據《證券、期貨投資諮詢管理暫行辦法》規定，註冊門檻僅為100萬元，而除具備公司章程、管理制度以及固定營業、通信場所外，只需具有五名以上取得從業資格的專職人員即可。不過，由於與可以提供全面證券投資服務的證券公司相比，證券投資諮詢行業業務種類單一，行業內大多數企業均面臨著盈利和業務可持續難題，監管機構放緩了牌照發放速度。

不過，由於近幾年互聯網證券業務的崛起，證券投資諮詢等行業內非主流牌照成為平臺涉足證券業務的入口，成了香餑餑，這個牌照價值水漲船高。

一位互聯網券商平臺負責人表示，對於互聯網平臺而言，可以收購持有證券投資諮詢牌照的公司，這兩年也有案例。在監管趨嚴的情況下，持牌公司售價越來越高。一個沒有實際業務的持牌公司的價值至少在四五千萬元以上，而且目前幾乎沒有持牌公司願意轉讓。另外有持牌公司對外合作的，名義上是他們公司經營，實際上支付他們費用，所謂的「租牌照」，每年也能收個幾百萬甚至上千萬的租金。

至於未來開展證券投資諮詢業務是否必須要有牌照，他表示，原則上必須要有，但實際情況得看證監會的執行尺度。

開戶未跳轉 真實性難辨

北京商報記者注意到，目前互聯網股票平臺雖然都號稱與券商合作，但開戶的模式並不十分相同。有些平臺需要跳轉到券商 App 上進行開戶，但部分平臺則可以實現在平臺內部 App 開戶，並未跳轉到券商頁面。「提交驗證碼、選擇營業部、上傳身分證、綁定銀行卡，根據流程提交相關資料後，平臺會先進行初步審核，然後再提交券商審核，審核通過即可完成開戶工作。」一位互聯網平臺客服向北京商報記者說道。

不過在分析人士看來，開戶未跳轉券商模式存在一定的風險。宋清輝表示，通過互聯網平臺接券商的開戶接口進行網路開戶，雖然很容易實現且很簡單，但是卻很難保證開戶信息的真實性。這種開戶模式風險很高，難以識別開戶人真實身分，易誘發偽造身分開戶，甚至進行洗錢或金融詐騙的風險。在司法訴訟等領域，相較於傳統的開戶方式，即「三親見」（親見本人、親見本人身分證件、親見本人簽署開戶協議），這種開戶模式因為缺乏有效證據在司法訴訟中較難證明業務真相。應該由監管機構牽頭，制定細則和明確提出業務規範和風險控制要求，指引互聯網平臺和券商機構開展業務。

薛洪言表示，如果互聯網平臺與券商合作開戶，互聯網平臺只是導流的通道，開戶環節是要跳轉到券商的專屬開戶界面進行的，用戶信息的真實性等均由券商獨立判斷，從安全性上看，與直接去券商官方渠道開戶並無差異。

監管層也看到了互聯網平臺開戶的風險。在 5 月 12 日深圳證監局針對證券期貨經營機構業務整改發布《通知》中在自查整改工作重點中提到，證券公司與互聯網企業合作自查整改重點包括未嚴格驗證客戶開戶身分，接入外部信息系統未嚴格依法履行響應的審查義務等。

# 第 6 章 網路保險

## 6.1 網路保險的產生和發展

### 6.1.1 網路保險的產生

　　隨著信息技術和 Internet 網路的迅猛發展，全球保險業的銷售模式日新月異，一種全新概念的保險——網路保險也隨之應運而生。所謂網路保險是指保險企業（包括保險公司和保險仲介機構）以信息技術為基礎，以 Internet 網路為主要渠道來支持企業一切活動的經濟行為。它包含兩個層次的含義：一是指保險人利用網路進行內部的管理，即利用網路對公司員工和代理人的培訓，利用網路與公司股東、代理人、保險監督機構等相關人員和機構的信息交流，保險仲介公司利用網路開展業務等企業活動；二是指保險公司通過 Internet 網路開展電子商務，即利用網路與客戶交流信息，利用網路為客戶提供有關保險的信息，乃至實現網路「簽單」。

　　保險公司利用網路可以方便、快捷地為客戶提供其背景、險種及費率表等幾乎所有信息；同時，通過網路客戶可以比較多家保險公司的險種和報價，從而選取一個最適合的險種。保險公司也可以通過網路與客戶進行雙向交流，回答客戶提出的問題，甚至為客戶設計保單等。如有的保險公司為了進一步向客戶提供一攬子服務，在自己的網址上設有網路圖書館，在圖書館中收藏了大量有關保險的法規、條例、投保技巧、保險常識、索賠程序等資料和信息。還有的保險公司把自己的網址與其他一些非常重要的保險相關機構的網址相連，諸如保險監管機構、保險公司排名機構、與保險有關的學術機構等網址。又如美國 Arkwright 相互保險公司等保險公司則更進一步為客戶提供「藝術性」的服務，該公司對地震、臺風和洪水多發地帶的被保險人安裝了早期報警系統，當十分惡劣的天氣或其他能夠造成直接經濟損失的事件開始形成並發展時，該系統就會自動與受影響地區的被保險人取得聯繫並提供預先警報，同時還介紹財產的保護和保存方法以及索賠的相關知識。

　　Internet 上的客戶不僅可以通過銀行、證券經紀公司的網址購買保險，而且還可以在家中通過網路購買汽車或購買商品的保單。如國民銀行和大通曼哈頓銀行，他們設有經營人壽保險的附屬機構。因此，客戶可以在國民銀行的網址上實時瞭解到保險的報價並申請保險。同樣，大通曼哈頓銀行的客戶能在網路完成要求保險報價的問卷，該銀行的代表將在 2~8 個營業日內給客戶打電話或發出電子郵件。又如 AIG 汽車保險為通過電話購買新車或二手車的客戶提供在網路直接購買的保險。儘管在美國這種做

法尚不普遍，然而一些房地產網址已經與銷售住宅保險的代理人聯網了。因此，相信隨著為消費者提供直接售房和售車服務的擴大，越來越多的網址將被用來提供保險，以此作為一攬子服務的一部分。與此同時，讓客戶能全面而方便地瞭解保險信息的保險市場專用網路形成了。如保險萬維網就是一個關於保險市場的專用網路，該網路上提供10家汽車保險公司、3家人壽保險公司和幾家經營健康保險、職業責任保險和殘廢保險公司的保險報價和聯繫信息。

### 6.1.2 網路保險發展的成因

#### 6.1.2.1 網路保險能有效地降低經營成本

長期以來，保險公司一直通過代理人和經紀人出售保險，而實踐證明，這種經營模式是低效率的。以人壽保險為例，20年來證明其銷售系統是缺乏生產率的：一個代理人一周只賣出一份保單。低的生產率使經營成本高達保險費的33%或更高。通過Internet銷售保單具有大幅度降低經營成本的潛力。據美國艾倫米爾頓國際管理顧問公司計算經營財產和意外保險、健康和人壽保險的保險公司通過Internet向客戶出售保單或提供服務將比通過電話或代理人出售節省58%~71%的費用。根據經濟學家情報有限公司（Economist Intelligence Unit，EIU）對保險公司經理的調查，只有不到1/3的保險公司認為現行的保險銷售模式是準確的並對其有足夠的信心。超過1/3的保險公司則信心不足或根本缺乏信心。因此，必須進行改革。

在網路上客戶能自己完成購買保單的大部分工作。如客戶通過查詢網路的信息決定哪種保險是需要的，然後在網路填完申請表併購買保單。Internet還能為客戶提供簽發帳單、付款等服務。在Internet上提供的服務越多，保險公司節省的費用也就越多。保險公司通過在網路直接銷售保單，就能省去向代理人支付的佣金。即使通過網路的代表人銷售保單，保險公司支付的佣金也將節省一半，客戶申請購買保險和保險公司簽發保單這一過程中包括許多費時的人工操作的步驟，這些如能通過網路完成，保險公司將大大提高工作效率。保險公司銷售保單的服務亦可在Internet上實現流水作業。一些基本的服務可以在網路提供，比如客戶及時更新他們的材料，找到保險服務提供者，或是查詢索賠的情況。保險金支付的效率也將大大提高。

#### 6.1.2.2 迫於新的競爭壓力或合作關係改變的需要

在20世紀80年代中後期，金融業競爭日趨激烈，銀行和證券經紀公司為了向客戶提供他們所需要的一攬子服務，就開始涉足保險業。如銀行提供年金保險和其他種類的保險來吸引客戶的資金，以防止客戶的存款流向保險公司和證券經紀公司處。雖然這種做法在實際中存在爭議，一部分保險公司並不希望銀行經營保險業務，但也有一部分保險公司並不介意。銀行有自己的獨特優勢：銀行的分支網路使它們能接觸到美國的任何一個地區的客戶；保險公司的數據庫只記錄有關保單的情況而不記錄客戶的信息，但銀行的關於客戶情況的數據庫能使其瞭解客戶對金融產品的需要；對消費者的調查顯示，消費者對銀行家的信任和尊敬程度要超過保險代理人。因此，銀行保險是一種發展的趨勢。有些銀行已開始在網路提供保險服務。同樣，證券經紀公司開始

經營保險業務,並也開始在網路提供保險服務。

總之,不論銀行或證券經紀公司是否與保險公司合作經營保險還是與它們直接展開競爭,對現行保險業的衝擊將是巨大的。網路保險作為新事物、新科技,銀行比保險公司能更快地接受。

#### 6.1.2.3 網路保險能增添新的銷售機會

傳統的保險銷售模式以保險代理人和經紀人出售保險而收取佣金的方式,即保險代理人或經紀人報酬的多少是由保險金額的大小決定的。因此,這種模式的缺點是對小客戶重視不夠,也未能為很大一部分可能成為保險潛在購買者的人提供服務從而喪失銷售機會。那是因為保險代理人工作的重點是為能夠買大數額保單的大客戶服務,而且開發新客戶需要花費時間。網路銷售、開發保險的低廉成本將促使保險公司將業務擴展到以前沒有提供服務的客戶,因此能大大地增添新的銷售機會。

#### 6.1.2.4 客戶改變購買保險方式的偏好促進網路保險的發展

在傳統上,客戶從代理人處購買保險。但是,這種傳統銷售模式不僅成本高,而且十分不方便。因此,隨著 Internet 的日趨完善,客戶希望在網路瞭解保險信息和報價,支付保險金,進行價格比較,更新信息,瞭解索賠情況以及得到金融服務專家的建議。同時,保險公司也希望他們的客戶改變購買保險的偏好。據調查,目前,美國保險公司的經理們相信只有 2%的客戶在購買汽車和人壽保單時喜歡通過網路購買,而不是從代理人處購買。40%的經理相信,在今後 5 年內,客戶將更喜歡在網路購買保單。那是因為在美國越來越多的客戶將更多地把保險視作一攬子金融證券投資的一部分,而不是將其看作單獨的金融產品。這樣,保險公司像銀行和證券經紀公司那樣也積極擴展它們的網路服務。

## 6.2　網路保險概述

### 6.2.1　網路保險的概念

網路保險,即網路保險或保險電子商務,是指保險公司或新型的網路保險仲介機構以互聯網和各種現代信息技術來支持保險經營管理活動的經濟行為。它包含兩個層次的含義:一是指保險人利用網路進行內部管理,主要包括利用網路對公司員工和代理人的培訓;利用網路與公司股東、代理人、保險監督機構等相關人員和機構進行信息交流;保險仲介公司利用網路開展業務等企業活動。二是指保險公司通過互聯網路開展電子商務,主要包括利用網路與客戶交流信息,利用網路為客戶提供有關保險的信息,甚至實現網路「簽單」等。通俗地講,網路保險就是通過互聯網等進行保險諮詢、險種費率查詢、承保、理賠等一系列業務活動。

因此,網路保險有廣義和狹義之分。狹義上網路保險是指保險公司或新型的網路保險仲介機構通過互聯網網站為客戶提供有關保險產品和服務的信息並實現網路投保,

直接完成保險產品和服務的銷售，由銀行將保險費劃入保險公司；廣義上網路保險還包括保險公司內部基於 Internet 技術的經營管理活動，以及在此基礎上的保險公司之間，保險公司與公司股東、保險監管、稅務、工商管理等機構之間的交易和信息交流活動。它反應了保險人或保險仲介人通過網路技術，利用已形成的網路組織，利用一個綜合的人機系統從事的保險產品行銷活動。

### 6.2.2 網路保險的特徵

網路保險的發展既是知識經濟時代經濟全球化、網路化等因素的推動，也是保險業自身發展的內在要求。保險服務的自身特點，為保險和互聯網的結合奠定了基礎。與傳統的保險行為相比，網路保險具有以下重要特徵：

第一，虛擬性。開展網路保險不需要具體的建築物和地址，只需要申請一個網址，建立一個服務器，並與相關交易機構進行連接，可以通過互聯網進行交易。它並無現實的紙幣或金屬貨幣，一切金融往來都是以數字的形式在網路上得以進行。

第二，直接性。網路使得客戶與保險機構的相互作用更加直接，它解除了傳統交易條件下雙方活動的時間、空間限制，與傳統行銷「一對多」的傳播方式不同的是，網路行銷可以隨時根據消費者的個性化需要提供「一對一」的個性化信息。客戶也可以主動選擇和實現自己的投保意願，無須消極接受保險仲介人的硬性推銷，並可以在多家保險公司及多種產品中實現多樣化的比較和選擇。

第三，電子化。客戶與保險機構之間通過網路進行交易，盡可能地在經濟交易中採用電子單據、電子傳遞、電子貨幣交割，實現無紙化交易，避免了傳統的保險活動中書寫任務繁重且不易保存、傳遞速度慢等缺點，實現了快速、準確雙向式的數據信息交流。

第四，時效性。網路使得保險公司隨時可以準確、迅速、簡潔地為客戶提供所需的資料，客戶也可以方便快捷地訪問保險公司的客戶服務系統，獲得諸如公司背景、保險產品及費率的詳細情況；而當保險公司有新產品推出時，保險人可以用公告牌、電子郵件等方式向全球發布電子廣告，向顧客發送有關保險動態、防災防損諮詢等信息，投保人也無須等待銷售代表回覆電話，可以自行查詢信息，瞭解新的保險產品的情況，有效解除了借助報紙、印刷型宣傳小冊子時效性差的缺點。

### 6.2.3 網路保險的優勢

保險作為一種特殊的商品，與一般意義上物化的商品有著顯著的區別：

首先，保險是一種承諾，屬於諾成性合同，同時也是一種格式合同。保險商品的表現形式為契約。其次，保險是一種無形產品。它不存在實物形式，唯一的有形物可能只是一紙合同，而且合同還不一定要打印下來。最後，保險是一種服務商品。保險服務是保險企業為顧客提供的從承保到理賠的全部過程，主要是一種諮詢性的服務。保險產品本身具有的上述特點，恰恰使它天生適於在網路進行經營。網路發布保險條款內容，並做出詳細的、互動的解釋，將避免因為極少數代理人銷售時誇大保險責任，簡略除外責任而導致的理賠糾紛，有利於維護良好的行業形象。保險服務的內容主要

是一些無形服務，所以也使保險適合在網路進行。互聯網的優勢與保險業這些特徵的結合，使網路保險行業發展成為具有很強競爭優勢的新生力量。

#### 6.2.3.1 保險公司的機遇

面對互聯網路技術給全球經濟帶來的巨大商機，保險公司應主動轉變經營理念，調整服務模式，迎接這一挑戰。

（1）改變經營理念。網路保險改變了傳統保險業單純以機構網點多少、地理位置便利為主導的保險服務方式，把經營策略提高到全國及全球的戰略高度，促使保險公司認識到網路客戶的超地域性和超國界性，保險電子商務帶給保險業最大的好處就是能夠便捷、低成本地進入全球市場，客戶只要擁有聯網計算機和信用卡就能夠實現「全球」消費。此外，要認識到一旦建成網路保險，那麼其總體功能就主要體現在服務上，而不僅僅是經營。

（2）轉變服務模式。電子商務時代的保險業突破了傳統的經營和服務模式，保險公司可直接在網路銷售保險產品，可提供全天候的全球行銷服務，客戶無論在什麼時間、身處何地，只要能夠連接上互聯網，即可辦理各種保險業務，這有助於發展在傳統服務模式下，想投保卻因投保不方便而未投保的潛在客戶，方便地諮詢、查閱、選擇並完成投保等一系列工作，這些服務包括：以快速、簡便的方式提供保險市場信息、保險產品信息，並以良好的交互性，向顧客提供自助式服務，家庭理財（中國的保險產品已逐步從保障型、儲蓄型產品發展到投資型產品）和無實體保險服務等。

（3）降低行業成本。網路保險所需的成本只是硬件、軟件、少量智能資本，利用少量的投入就可以增加保險公司的虛擬分支機構，創造出大量的「網路保險從業者」，而傳統保險公司的開辦，則需要大量的土地、資金、人力和建築。從國外的經驗數據看，相對於其他渠道，通過互聯網分銷的成本最為低廉。傳統的壽險銷售成本非常高，保費的30%～40%都付給仲介人，而網路銷售只需要不到20%的銷售成本，不同險種網路交易的成本降低幅度有所不同。相對於傳統的保險銷售模式，網路保險可以不受時間與空間的制約，降低經營成本，免去仲介環節而提高保險業務效率，增加公開、公正、公平的透明度，操作簡單，方便快捷，也大大降低了成本。

（4）整合信息和資料。保險險種浩如菸海，對於保險公司來說，怎樣把眾多的險種用方便快捷的方式介紹給客戶，將對保險產品的銷售產生重大的影響。網路保險可以很好地利用互聯網數據庫和動態網頁技術，實現互聯網路的險種分類查詢和檢索查詢。以前，信息一般由保險公司掌握，保險公司根據自己的需要向客戶提供信息，傳統的通過保險公司直銷或保險代理人方式銷售保單，可能存在一些直銷員或代理人由於本身業務素質偏低或過多基於自身利益的考慮，在向客戶作保險產品介紹時，無意或有意地向客戶提供不完全信息，埋下了以後可能產生保險爭端的隱患，也就是說信息偏重於保險公司一方，存在著信息的非對稱性，而通過保險電子商務，客戶可以方便快捷地在各個保險公司的網站上查詢相關保險信息，並在不同保險公司之間進行比較，從而大大降低收集信息的成本，同時也降低了保險公司發布信息的成本，可以無限地向客戶傳送數據豐富的優質信息。

另外，保險業務員和直接客戶的管理也是令保險公司十分頭疼的事情。而網路保險的所有業務，無論是保險網站直接進行的，還是保險代理通過網路進行的銷售都可以即時被加入數據庫統計分析，便於保險公司確定主打險種並對業務人員進行升級或獎勵。

（5）促使利益的重新分配。基於互聯網的電子商務賦予保險業一種全新的行銷方式，帶動保險業實現國際化，並重新構建市場競爭規則，所有保險公司無論實力雄厚與否或規模大小，在網路上一律平等，交易的低成本和進入的低門檻，使中小保險公司和大保險公司擁有了參與保險電子商務的均等機會，中小保險公司也可以從原先主要被大保險公司佔有或壟斷的市場中獲得利潤。網路使中小保險公司變大，本地保險公司國際化，跨國經營不再是大保險公司的專利，這為中國加入 WTO 以後與資金、技術、管理都占優勢的國外保險業競爭提供了契機，在傳統的業務模式下，要達到並趕超這些國家的保險業，需要投入大量的時間和財力。而現在，信息技術的發展為中國保險業的發展提供了契機，在網路保險方面，中國與其他國家的保險業基本上是站在同一條起跑線上。能否抓住這次機遇，關係到中國保險業未來的發展，中國保險業應該抓緊時機，發展網路保險，占領市場，並利用互聯網的國際性，宣傳中國保險業，努力開展國際業務。

（6）更全面的服務。網路保險可以充分和門戶網站、財經類網站合作，拓展銷售渠道和網路品牌認知程度。同時，保險代理和一般業務人員自己建立或者以成為某網站會員的方式建立的個人保險推銷站點也是重要的網路銷售渠道。另外，將有相當數量的客戶會直接登錄保險網站購買相關險種。真正的網路保險不僅能夠實現保險信息諮詢、險種介紹、保險計劃書設計等初級服務，更重要的是將投保、繳費、理賠等全過程網路化。在降低成本，提高效率的同時提供更加全面的服務。

#### 6.2.3.2 保險代理的機遇

保險代理同樣面臨巨大的挑戰和機遇，也必須主動轉換經營方式，順勢而動。

（1）銷售方式發生根本變化。網路保險使得保險業務員的銷售方式由傳統的掃樓式的銷售轉變成擁有網路商店，客戶自動上門。2000 年 10 月，太平洋保險公司北京分公司的代理人付彥庭得到易保網推出代理人展業平臺的消息，馬上把自己有關資料傳真到上海易保總部，隨即在易保北京辦事處交納了一年的租金，成為易保最早的「白金會員」。兩個月後，一位在外企工作的客戶在他的門店上留言，有意投保太平洋萬能壽險，付彥庭在網路的第一筆「生意」由此開始。

（2）更好地提供保險相關資料。保險業務設計的條文和相關信息非常多，幾乎沒有保險業務員可以通曉所有的保險險種。近期大家可能看到很多拿著手提電腦穿行辦公樓宇之間的保險業務員，儘管有電腦幫助，要想在短短幾分鐘的推銷時間內向客戶說清楚還是非常不容易的。網路保險借助網站的優勢，可以把大量的保險資料放在網站，並可以提供方便的檢索功能，客戶可以針對自己的需要查詢到相關險種的說明。

（3）減少環節和費用。一般而言，代理人從第一次拜訪客戶到雙方簽訂保單，平均需要 27 次接觸。如果代理人能通過網路，同投保人先期有幾次短暫的交流，就能縮

減 5~10 次的見面次數，從而節省一大筆費用。通過網路代理人展業平臺，投保人對代理人的基本情況已經瞭解，在雙方面對面交談時，能很快地切入主題，為代理人節省了時間和成本。

（4）更好的服務。通過網路證券開展業務的保險業務員的主要任務不再是不厭其煩地向客戶說明各個險種的內容，而是放在了向客戶提供點對點的諮詢服務。越來越多的代理人已經開始琢磨在網路建立屬於自己的天地，用電子郵件和 QQ 等與投保人一對一地聯繫，正在逐漸向個人理財顧問過渡。

### 6.2.3.3 對客戶的好處

網路證券的真正業務來自於客戶對多樣化、個性化保險服務的要求。網路條件下，客戶將得到以下便利：

（1）自主選擇。客戶不再對繁多的險種一頭霧水，他們可以通過在網站的瀏覽和查詢，對哪些險種適合自己以及這些險種的具體條款有一個初步的認識。這樣在購買保險的時候就不再是被動地接受而是可以自主地做出選擇了。

（2）獲得個性服務。一般客戶不僅可以在保險網站獲得個性化的信息和險種介紹，還能使用網站的系統初步計算保費保額等。另外，還可以從網站或者保險經紀人那裡獲得郵件、電話或者在線交流等服務。

（3）自動續保提示。一年前，北京某公司的職員李小姐買了一輛富康轎車，為了防止意外，她特意掏出 5,000 元保了全險。轉眼到了應該續交保費的時候，由於保險公司業務員的疏忽，忘記通知她續保，而她恰巧在這時出了交通事故，據說，像李小姐這樣的案例在有車族中時有發生。如果是通過網路保險購買的險種，在到期的時候網站就會自動發出提示的郵件，提醒客戶續保，同時這個提醒信件還被發送到相關業務員的信箱裡，如果客戶仍然沒有續費，保險業務員就會通過電話等進一步提醒客戶。

（4）方便理賠。一般是保險容易理賠難，很多客戶不願意購買保險，一個很大的原因就在於擔心到時候不能獲得保險條款規定的所有賠付。網路保險在理賠的時候就可以按照程式化的方式很好地解決理賠不便的問題。

## 6.3 網路保險業務

### 6.3.1 網路保險的業務模式

#### 6.3.1.1 網路保險的業務內容

網路保險的業務除了對保險公司及其仲介公司進行宣傳以外，主要集中在以下幾個方面：

第一，提供在線分析、幫助投保人選購保險產品。在網路保險站點上有專業的保險需求評估工具，投保人通過點擊它，便可以輕鬆地獲得從初步到精確、從綜合到分險種的需求分析。在此基礎上，投保人可自行比較、選購各種保險產品或套餐，也可

簡單描述個人情況，用保險需求評估具體為其分析，量身定制投保方案，從而使客戶全面享受個性化服務。

第二，提供在線投保服務。在投保人選定需要購買的保險產品之後，網路保險站點還應提供在線投保服務，即為投保人提供通過網路完成在線購買申請、在線核保、在線支付保險費用和在線獲取保單等服務。

第三，提供在線理賠服務。在線理賠服務，不僅應提供理賠作業流程、注意事項的爭議解決辦法以及查詢理賠所需單證和出險聯繫電話地址等服務，而且應提供方便快捷的網路報案服務系統，及時反饋客戶投訴，並提供劃撥賠款到客戶指定帳戶的服務。除這幾項必不可少的業務之外，網路保險站點還應該提供在線交流服務，讓投保人可以就任何有關保險的問題向保險專家請教並得到及時解答，且就相關問題徵求投保人的意見和建議。一個好的網路保險站點，還應提供到其他相關網站的鏈接。這不僅有助於客戶獲取豐富的保險信息，也便於客戶「貨比三家」，從而堅定其購買保險產品的決心。

6.3.1.2 網路保險業務模式的分類

與一般的電子商務業務模式的分類類似，由於保險的提供者是公司，網路保險的業務模式可分為兩種基本類型：公司對消費者（B2C）網路保險和公司對公司（B2B）網路保險。依據網路保險公司的服務渠道以及保險市場成員與分銷合作者之間的關係，保險業的在線業務可劃分為水平門戶服務模型、垂直門戶服務模型、集成商模式、商品市場和在線保險承保人 5 種原始類型。就目前而言，根據不同原始模型的組合，在實際應用中，由於網路保險經營的內容與形式不同，可分成如下幾類：網路保險信息模式、網路保險超市、網路金融交易市場、網路經紀人模式、網路風險拍賣市場。

## 6.3.2 網路保險的基本業務

從本質上來說，任何一個保險公司的業務是這樣進行的：它不斷地宣傳自己的產品和服務；不斷地收取由眾多投保人（往往也是被保險人）繳納來的保險費，形成保險基金；當約定的保險事故不幸發生後，對被保險人進行保險金的賠償和給付；由於保險事故發生和損失程度的不確定性，保險基金的形成、保險金的賠償和給付之間必然存在著一定的時間差和數量差，使得保險資金的運用成為可能。另外，在承保之前，為防止逆向選擇行為，保險公司必須對保險標的實施核保。在承保之後，為防止道德風險，盡可能減少保險賠償和給付的可能性，保險公司一般還要對保險標的採取積極的防災防損工作。保險公司基本業務由展業、承保、核保、理賠等流程組成。首先是展業，宣傳保險產品和服務；其次核保，在承保之前，為防止逆向選擇行為，保險公司必須對保險標的實施核保；然後承保，收取投保人（一般為被保險人）繳納的保險費，形成保險基金；接下來是資金運用，由於保險事故發生和損失程度的不確定性，保險基金的形成和保險金的賠償和給付之間必然存在著一定的時間差和數量差，使得保險資金的運用成為可能；同時進行防災防損，在承保之後，為防止道德風險，盡可能減少保險賠償和給付的可能性，保險公司一般還要對保險標的採取積極的防災防損

工作；最後是理賠，當約定的保險事故不幸發生後，對被保險人進行保險金的賠償和給付。

## 6.4 網路保險的風險管理

### 6.4.1 網路保險監管的必要性

#### 6.4.1.1 道德風險的存在

對投保人而言，通過網路保險，可以掌握比以前更多的保險信息，但影響保險信息的不對稱性並不因此而消失，並且 Internet 特有的虛擬性使這個問題變得更加複雜。有一句 Internet 名言：你不能保證和你聊天的不是一只狗。在保險詐騙手法越來越高明的現在，難保網路保險不會成為騙保的又一新手段。當保險公司在網路尋找新的商業契機時，應特別注意網路的詐欺行為。保險公司需要提供新的工具，用來鑑別潛在的網路詐欺行為。政府應完善這方面的政策，支持保險公司使用反詐欺的工具。道德風險的另一方面涉及保險的不利選擇。通過網路保險，投保人瞭解了比以前多得多的投保信息，不利選擇就更容易產生了。高風險的投保人可能匯集在某些公司的某些產品上，從而改變了保險事故發生的概率，動搖了保險公司在開發這個險種時的精算基礎。

#### 6.4.1.2 網路保險合同簽名必須確認

首先網路保險的電子簽名是否合法，必須有法可依。沒有了數字簽名，網路保險的方便、快捷就無法充分體現，電子商務的低成本也將打折扣。某保險公司的一位先生稱：「我們是保險公司，我們可以不要客戶的手寫簽名，而代之以數字方式。」但是，各公司代表均認為目前不可行，合同一旦出現糾紛，到法院雙方拿什麼作為有效證據？其次，電子簽名如何確認，簽了就完了嗎？是投保人，還是保險人有權對簽名進行確認？是不是在簽名後要通過電子郵件方式進行確認？這些問題都需要有專門的法律明確規定。再次，如果發生了電子簽名的糾紛，什麼人可以充當裁定人？是傳統的法律機構，還是需要特設網路法庭？發生糾紛時是投保人舉證有效還是保險人舉證有效？目前美國和中國等一些國家已出抬了《電子簽名法》，對這些問題都做了明確的規定，但也有不少國家尚未出抬此類法律。

#### 6.4.1.3 網路保險的技術複雜性

技術複雜性涉及網路保險是否高效的問題。如果投保人為投保要花很多時間去檢索，去比較，要填很多的表格，他完全可能沒有耐心去進行「眼球」瀏覽，所以如果網路保險不能做到一目了然的話，影響力就會大打折扣。

#### 6.4.1.4 網路安全可能的脆弱性

網路保險區別於傳統的面對面的保險交易活動，它要求一個網路交易平臺更安全、更可靠。但是由於計算機黑客和計算機病毒的原因，即使是最好的網路保險交易平臺

也可能會出現漏洞，從而導致不能保證交易信息的安全、迅速傳遞，數據庫服務器的安全性也可能會因為黑客的闖入而造成災難性的後果。

### 6.4.2 網路保險風險管理的內部控製

網路保險在充分享受現代網路通信技術的同時，也面臨著涉及社會經濟、法律、案例保護等方方面面的風險，這些也是發展網路保險所必須要解決的問題。網路保險所面臨的風險包括系統風險、技術風險、市場風險和法律風險。網路保險的安全性問題不可避免地涉及許多內部方面的因素，諸如負責網路系統安全的相關人員、網路系統運行環境的安全保障、軟硬件網路系統的安全問題等。因此，網路保險還需加強內部控製管理相關的風險。

#### 6.4.2.1 加強網路保險系統的安全保障

網路保險系統是開展網路保險經營的物質基礎。保險企業應充分重視網路系統的安全問題，並採取針對性的措施以盡可能降低網路保險的系統風險。為保障網路系統的安全，必須建立有效的事前檢測和預防體系、事後控製和恢復體系。其主要策略包括：

（1）建立網路保險系統的安全規範和標準，制定嚴格的日常管理制度。
（2）建立對網路保險系統安全性的定期或不定期的稽查與監督系統。
（3）利用技術手段建立能夠對整個網路保險系統實現實時安全監測和預防的系統，如防火牆系統、虛擬保險箱系統、安全操作系統、實時病毒檢測系統、硬盤和服務器的雙工或備份系統等。
（4）建立系統故障和破壞後的自動恢復系統。
（5）加強內部員工的管理。明確各員工的職責和權限，對於易出現安全問題的崗位和重要工作人員要進行定期檢查。對網路保險系統的安全性管理是一項複雜的系統工程，網路保險安全保障系統必須是一個動態的系統，能夠適應現實情況的變化和發展，不斷地升級，有效地防範網路保險經營中的系統風險。

#### 6.4.2.2 提高員工素質，降低技術風險

網路保險系統是技術密集型的複雜系統，掌握先進的技術是發展網路保險的基礎。技術是基礎，人才是關鍵，優秀的網路保險技術人才對於開展網路保險是不可或缺的。網路保險既需熟悉保險業務的經營管理和行銷人員，也需要一支掌握現代網路通信技術，特別是電子商務技術的人才隊伍。網路保險代表著未來保險業的發展方向，保險企業應主動加強員工的技術培訓，使他們能跟上網路保險發展的步伐，並把所掌握的技術及時應用到實際中去。

#### 6.4.2.3 做好網路保險宣傳工作，樹立品牌意識，防範市場風險

目前中國公眾的保險意識還比較淡薄，在民眾保險知識還很匱乏的情況下來發展網路保險，落實對保險產品和服務的宣傳工作，努力培育網路保險市場，吸引更多的消費者網路投保，從而發揮網路保險的規模經濟效益，就顯得尤為迫切。為防止被保

險人的逆向選擇行為，保險公司應當考慮如何利用互聯網來加強核保。例如，在網路壽險業務中，保險公司就可以與醫院結成協作關係，通過互聯網直接瞭解被保險人的以往健康狀況，從而有效地規避被保險人逆向選擇行為所導致的經營風險。網路保險的發展，將使保險企業面臨更多的市場競爭。要想在激烈的競爭中取得立足之地，保險企業應努力發揮自己的創造性思維能力，密切跟蹤不斷變化的市場需求，充分利用互聯網技術來創建自己的網路品牌，建立和維護保險企業的核心競爭能力。各級保監會要利用互聯網技術加強對保險業的監管。通過互聯網建立起對保險公司償付能力風險的預警系統，將是未來保險監管的發展方向，也應是一種降低網路保險市場風險的有力手段。

### 延伸閱讀：微信錢包新設保險入口 對標螞蟻金服

北京商報　許晨輝 張弛 2017-08-15

隨著互聯網保險迅速崛起，這一領域成為越來越多社會資本追逐的一塊「肥肉」。目前來看，儘管保險業的牌照大門正在收緊，但以 BATJ（百度、阿里、騰訊、京東）為首的互聯網資本進入保險業的熱情仍毫絲沒有降溫。北京商報記者瞭解到，騰訊已與富邦金控談成合作，下半年將在微信錢包的「九宮格」中開設保險入口並上線保險產品，大有追趕螞蟻金服的意味。

強勢掘金保險業

近日，臺灣富邦金控董事長蔡明興曾表示，富邦金控正與騰訊合作在深圳成立合資公司，由富邦金控旗下的富邦財險開發或引進其他保險公司的保險產品，在騰訊的微信平臺進行銷售。據稱，目前正在向監管機構申請牌照，有望盡快開業。

對此，北京商報記者採訪騰訊相關人士表示，對此不予置評。

據媒體報導，騰訊於 7 月初推出了創新型重大疾病保險「企鵝保」，目前僅針對騰訊員工內部試水，該產品由騰訊占股 15% 的和泰人壽提供。在此之前，微信也曾作為平臺上線華夏人壽等公司的保險產品。

騰訊掘金保險業，這已不是第一次。早在 2013 年，騰訊與阿里巴巴（後轉至螞蟻金服名下）、中國平安聯手成立眾安保險，持股占比 15%，成為眾安第二股東，算得上拿到了國內首張互聯網保險牌照。緊接著，騰訊在互聯網保險領域開始大展拳腳。

在壽險公司方面，今年 2 月，和泰人壽獲准開業。和泰人壽註冊資本 15 億元，騰訊全資子公司北京英克必成科技有限公司為第二大股東，持股比例為 15%；和泰人壽有 3 家並列第一大股東，持股均為 20%。

除了保險公司牌照外，在保險仲介方面，騰訊仍不示弱，設立了微民保險代理有限公司，由騰訊的「孫公司」持股 100%，註冊資本為 2 億元。

此外，騰訊還擬發力香港保險市場，今年 1 月，與英杰華集團、高瓴資本達成協議，騰訊、高瓴資本收購英杰華人壽保險有限公司的部分股份。交易完成後，騰訊持有英杰華人壽的 20% 股份。至此，騰訊已成功拿到互聯網壽險和保險仲介兩張牌照。

如果此次騰訊聯合臺灣第二大金融控股公司談成合作，下半年將在微信錢包推出

保險入口並上線保險產品。據介紹,產品將由富邦金控旗下內地子公司富邦財險開發或引進。

BATJ聚首保險業

事實上,在BATJ裡,阿里旗下的螞蟻金服,從2013年就已開始打造互聯網保險的平臺。華泰保險就曾推出退貨運費險,主要服務淘寶用戶,與阿里合作堪稱服務互聯網的一次創新,賺足了眼球,但在眾安保險落地之後,華泰保險被冷落了很多。

如此看來,微信錢包很可能效仿螞蟻金服,以盤活騰訊龐大的基礎用戶,充分利用數據流量。百度平臺、京東緊隨其後,不過在互聯網保險方面顯得較為滯後。

在深挖互聯網保險方面,騰訊和阿里有合作也有競爭,合作在於均為眾安保險的股東,而競爭方面表現在均在積極爭搶保險牌照,都試圖在「互聯網+保險」都大有作為,各自在打著自己的如意算盤。

阿里首當其衝,宣布增資入股臺灣國泰金控在大陸的全資財產險子公司國泰產險,經過了較為漫長的積極爭取,已過了監管關口,成為國泰財險的控股股東,並於不久前完成團隊調整,3位來自螞蟻金服的董事正式入主國泰財險,推動其互聯網轉型。此外,由螞蟻金服發起設立的信美相互人壽也已經開業,步入正軌。

在牌照爭取方面,騰訊絲毫沒有示弱。繼眾安之後,騰訊在人壽保險方面也緊鑼密鼓、精心籌劃,緊跟阿里步伐。如上述所提及,首先發起設立和泰人壽,而後購買英杰華保險股份,又成立微民保險代理有限公司。

由此看出,騰訊不只是想扮演分銷平臺的角色,而是要自己組建保險公司,再則,騰訊也擁有自己的銀行、微信機構,正在進行大金融佈局。此次聯手富邦金控,綁定微信這個流量爆炸入口,前景可期。

與阿里、騰訊相比,百度和京東稍慢了半拍。百度與國壽簽訂了戰略合作協議,還聯手安聯保險及高瓴資本發起成立了百安保險公司;京東在今年6月宣布了與陽光產險的相關合作。此外,包括蘇寧、攜程和樂視等互聯網公司都在陸續開始相應的佈局。

騰訊能否後來者居上

互聯網公司積極參與保險業務,在很大程度上在於將龐大的後臺數據進行再開發。

騰訊2016年報顯示,微信月活躍用戶達到8.893億,移動支付月活躍帳戶數超過6億,日均支付筆數也超過6億。支付寶2016年全民帳單顯示,支付寶實名用戶4.5億人,71%的支付筆數發生在移動端。過去兩年,微信支付的調用活躍人數增加近10倍,支付寶增加了3倍。有數據顯示,微信支付2016年支付總額1.2萬億美元,支付寶2016年實現了1.7萬億美元的支付額。這些活躍的用戶都有望成為互聯網巨頭涉入保險業的「搖錢樹」。

由此可見,微信擁有高於支付寶的流量基數,但支付額方面還是支付寶略勝一籌。此次騰訊在微信開啓保險銷售,同樣是對標支付寶。有位互聯網保險分析人士指出,由數據看來,各有優勢。那微信作為一個社交平臺,怎樣更好地豐富應用功能,盤活客戶,健全支付平臺功能,成為首要難點。

作為平臺,雙方都可能將眾多互聯網場景化、碎片化的產品提供給用戶。「在這只

是最初級的保險仲介網路，未來應該利用互聯網技術或優勢來提供更強的服務。」一位互聯網技術開發人員如是指出。

據悉，今年以來，保險圈最火的詞從「場景險」轉變為「科技保險」。各大巨頭都嗅探到風口，早早入場。而騰訊擁有海量的高黏度場景客戶群，大有後來者居上之勢。

今年6月，螞蟻金服技術產品「定損寶」面世，幫助保險公司實現簡單高效的自動定損。據估計，每年4500萬件的私家車保險索賠案中，「定損寶」能覆蓋的純外觀損傷案件占比約在60%，以每單案件的平均處理成本150元計算，有望每年為行業節約案件處理成本20億元。微信錢包未來為用戶提供高質量的保險服務將是能否後來居上的關鍵。

如今，業界對「科技化是保險業未來發展的趨勢」已經形成了共識。而接近九億的騰訊用戶和微信生態構築的高黏度場景，將是騰訊在發力保險領域中的最大優勢。著名經濟學家宋清輝表示，如今科技+保險發展的難點在於融合，融合的過程中可能會面臨很多不確定性。

與此同時，保險業正加快研究和推動區塊鏈技術應用，不斷突破傳統模式。比如，眾安保險的優勢在於場景化保險，而區塊鏈就承擔了一個創新的角色，可以推動了其在場景化保險中的客戶服務。而平安也正投入巨資打造大數據系統。目前，基於大數據挖掘，平安已經實現很多金融產品的大數據應用，比如風險控製、保險定價、詐欺識別、精準行銷、營運優化等。

# 第 7 章　網路期貨

## 7.1　期貨的產生與發展

隨著商品經濟的發展，商品交換的方式也不斷發展，從最初的物物交易到現貨交易、現貨遠期合同交易，最後發展到期貨交易，經歷了一個漫長的發展過程。期貨和期貨交易是商品經濟發展到一定階段的必然結果。自期貨交易產生、期貨市場確立之後，它不僅更好地滿足了人們互相交易商品的需要，而且進一步完善和健全了市場體系和市場機制。人類社會從事商品交換，按時間順序先後經歷了三種商品交換方式：物物交易、現貨交易和期貨交易。目前，最常見、最基本的商品交換方式是現貨交易和期貨交易兩種。

### 7.1.1　物物交易

物物交易是商品與商品直接換位的一種商品交換方式。它是人類社會中最古老、最簡單的商品交換方式。在人類社會發展的早期，隨著生產力的提高，剩餘產品逐漸增多。由於社會的分工，互相交換勞動產品成為必要，於是出現了以物易物的物物交易。勞動產品由此逐漸變成用來交換的商品。

### 7.1.2　現貨交易

現貨交易是用商品去換取貨幣，再用貨幣去換回所需要商品的一種商品交換方式。現貨交易與物物交易相比，它已不再是用一種商品去直接換取另一種商品，而是以貨幣為媒介，使一種商品與另一種商品間接地進行交換的一種新的商品交換方式。現貨交易又分現貨即期交易和現貨遠期合同交易。

#### 7.1.2.1　現貨即期交易

現貨即期交易的基本做法是，由擁有商品並想馬上出售換回貨幣的賣方與擁有貨幣但想買進所需商品的買方直接見面，討價還價，成交之後即進行商品所有權轉移和貨幣支付。現貨即期交易的最大特點是靈活方便，只要買賣雙方協商同意，就可以在任何地點、以任何方式進行交易。此外，由於它是一種成交後立即錢貨兩清的交易，在賣方得到貨幣，買方得到商品之後，一般就沒有遺留問題。很顯然，與早期的、簡單的物物交易相比，這種現貨即期交易更適宜時間和空間規模不斷擴大的商品交換的需要，也相應地推動了商品交換和商品經濟的發展。

#### 7.1.2.2 現貨遠期合同交易

現貨遠期合同交易的基本做法是，由現貨商品買賣雙方事先簽訂在未來的某一個日期交割一定數量、質量的商品的合同或協議。在簽訂合同後，買賣雙方不僅對買賣的商品數量、質量等級、交割日期進行協商，而且互相協商了一個價格，從而使買方事先取得相對穩定的貨源，賣方事先取得相對穩定的銷路；同時，在一定程度上為買賣雙方提供了一條減緩未來價格風險的渠道。現貨遠期合同交易雖然解決了現貨即期交易的某些不足，如在一定程度上對未來的供求關係起了穩定調節作用，但是仍然存在著一些缺陷。比如，某一產品生產商要在將來收穫農產品後才運到現貨市場上賣出，由於擔心到時市場供大於求，賣不出去或降價銷售帶來的損失，所以事先與某一產品貿易商或加工商簽訂了現貨遠期合同。但到了收穫季節，農產品價格大幅下跌，低於雙方在合同中事先約定的價格，如果買方不履行合同，則賣方會承擔風險損失。在現貨遠期合同交易中，由於簽約雙方是以信譽作為擔保，所以，經常發生違約、毀約現象。為了解決現貨遠期合同交易中存在的缺陷，保證商品交換順利進行，農產品生產商和農產品貿易商、加工商們，客觀上需要一種更加穩定，更高層次的商品交易方式。

### 7.1.3 期貨交易

期貨交易是在期貨交易所內買賣標準化的期貨合約而進行的一種商品交換方式。期貨交易是在現貨交易基礎上發展起來的，雖然還必須以商品與貨幣互相換位的實貨商品流通為基礎，但已從實貨商品流通領域中獨立出來，很少導致商品實體的位移，而發展成為一種表象為「買空賣空」的「紙上交易」。

國際期貨市場在世界工業經濟發展階段應運而生。20世紀70年代，隨著金融期貨的創新和新型市場對期貨交易需求的迅速增長，期貨交易蓬勃發展。20世紀90年代以來，隨著數字化和網路化的信息革命在全球範圍內的普及，湧現出很多網路期貨商，他們向機構投資者和個人投資者提供即時行情和網路期貨交易，發布信息。網路期貨交易在英國、瑞典等西方國家尤其突出。傳統交易的地域和時間的局限不復存在。網路期貨交易的發展主要表現為三個方面。

第一，從傳統會員制的方式轉向以計算機網路為依託的網路終端的方式。電子交易方式與傳統的交易方式相比，降低了交易成本。然而，針對電子交易方式將完全取代傳統交易方式的說法，也有人持反對意見，他們認為電子交易不能夠反應交易近況，而且電子技術對市場變化的應對能力也表示了質疑。事實上，電子交易機制在使參與者的範圍最大化的同時，還可以使交易成本最小化，因此電子交易最終將可能完全取代傳統的期貨交易方式。

第二，從區域性市場轉向集中網路化的全球性市場。近幾年，網路期貨為了適應全球化市場的需要，正在尋求建立競爭的網路化市場。其主要的做法大體可分為兩種：一種是國際主要的大型交易所建立跨地域的戰略聯盟，實現交易所會員共享和交叉保證金的制度，從而實現24小時全球化不間斷交易；另一種做法就是統一交易軟件平臺和結算系統，形成區域化聯網的交易中心，進而在其他國家和地區實現遠程終端，形

成全球化的網路。無論採取何種方式，這種全球網路化的進程都是不可阻擋的。

從傳統單一市場的交易轉向網路化的市場融合交易。經過十多年的發展，國際期貨交易所的聯合已經成為越來越明顯的發展趨勢，除了期貨交易所之間的合作，這種融合還反應在期貨交易所與現貨市場之間，以及期貨交易所與證券交易所之間。這種融合方式的出現，是由世界經濟變化導致的，它適應了各種類型投資者的需求，隨著電子交易系統的廣泛應用，交易所的流動性和競爭力將得到進一步的增強。

中國的期貨市場由中國證監會、期貨交易所、期貨經紀公司、期貨兼營機構、套期保值者和投機商構成。國際上的期貨市場是與股票市場、外匯市場並存的三大金融交易體系。期貨市場為現貨商提供了一個保值和購貨的場所可以有效迴避價格風險，同時又為投資者提供了一個投資獲利的渠道。國內目前只有農產品期貨和金屬期貨兩類交易種類，分別在上海期貨交易所、大連商品交易所和鄭州商品交易所交易。而各個網站則構成了網路期貨交易市場。

### 7.1.4 網路期貨發展的原因

網路期貨交易為期貨公司和投資者都帶來極大的便利。對於期貨公司而言，網路交易打破了時空界限，大幅度降低了經營成本，且能滿足投資者的不同信息需求。對於投資者來說，通過網路完成交易、查詢、諮詢等，可以節省時間和精力，能夠快速便捷地獲得有用的信息，使非現場交易成為可能。從國外期貨業行業發展過程看，網路期貨交易具有以下幾個特點：

（1）所有的交易與服務均通過互聯網或電話呼叫中心自動進行，不需直接借助工作人員。

（2）可以跨越時間和空間的限制，從而延伸了交易與服務的適用範圍。

（3）所有服務可以精確地按照每個用戶的需要自由定制。

（4）大大降低交易成本和服務成本。網路交易的應用可以通過交易環境的虛擬化來改變傳統期貨公司及分支機構運轉所必須投入的基本條件，從而降低交易成本和服務成本。

（5）由於客戶對經營場地硬件的關注度逐漸下降，通過網路運作的電子商務競爭只能依靠軟性服務，而且網路跨越時空的能力會將這種優勢服務能力無限制放大，加劇期貨公司間的分化。期貨的交易、查詢、信息傳遞的準備、實施、完成直到後續處理，都是一種數據交換過程。與其他行業實施電子商務相比，期貨行業的各類信息比較數字化，容易傳輸，不存在物流的限制。正是由於期貨行業的電子商務少了傳統電子商務四大要素（資金流、信息流、商流、物流）中的物流環節，因此其能夠更快更好地實現。

## 7.2 網路期貨概述

### 7.2.1 網路期貨的概念

所謂期貨，一般指期貨合約，就是指由期貨交易所統一制定的，規定在將來某一特定的時間和地點交割一定數量和質量的實物商品或金融商品的標準化合約。期貨合約的交易標的，又叫基礎資產，可以是某種商品如銅或原油；也可以是某個金融工具，如外匯、債券；還可以是某個金融指標，如三個月同業拆借利率或股票指數。以實物商品為交易標的期貨叫做商品期貨，以外匯、利率和指數股票價格指數等金融商品為交易標的期貨統稱為金融期貨。證券類金融期貨主要指利率期貨和股票指數期貨。網路期貨是一個新興的事物，最早起源於20世紀90年代初的美國，而中國則是在1999年年底至2000年年初才開始發展。目前，學術界對網路期貨還沒有一個確切的定義。編者認為，網路期貨是指投資者在互聯網路進行的各種期貨交易活動的總稱。網路期貨交易主要是各種期貨的網路交易包括商品期貨、股指期貨、利率期貨、貨幣期貨等。

隨著網路和通信技術的發展，期貨市場的競爭越來越激烈。為了在競爭中獲得更多的客戶資源，期貨經紀公司充分利用互聯網和期貨交易系統為投資者提供盡可能多的期貨交易所的及時報價、金融信息、市場行情等服務。目前，期貨交易的委託、成交和清算等過程，投資者都可以在互聯網路進行，網路期貨交易極大地便利了投資者，降低了交易成本。

（1）期貨商品的條件

期貨商品是指期貨合約中所載的商品。並非所有的商品都能夠作為期貨商品進行交易，進入期貨市場的期貨交易品種，必須具備以下四個條件：

①交易量大，價格易波動。
②可儲存，宜運輸。
③品質等級容易劃分。
④擁有眾多的買主和賣主。

（2）期貨商品的種類

儘管期貨商品的條件比較嚴格，有時近乎苛刻，但符合條件的期貨商品仍不斷增加。大體地說，期貨商品可以分為兩大類：一類是商品期貨，另一類是金融期貨。

### 7.2.2 網路期貨的發展階段

從國內外期貨行業的發展來看，期貨交易的產生和發展可分為四個階段。

第一個階段。早期傳統的期貨交易方式是有紙化交易、公開叫價制度。這種方式的「市場人氣」較旺，很容易表現出市場真實狀況，有些交易所至今仍然採用這種交易形式。

第二個階段。隨著計算機和網路技術的發展，無紙化證券和期貨等代替了有紙化

運作，計算機和網路技術的「價格優先、時間優先」的撮合交易制度代替了公開叫價制度。特別是一些新興的交易所發揮後發效應，一開始就採取了「價格優先、時間優先」，網路交易和撮合成交的形式，無紙運作代替有紙運作成為主要形式。

第三個階段。網路交易服務、網路在線交易和其他交易方式並存。網路交易僅限於經紀公司與交易所之間的交易，散戶與交易所之間的交易主要通過經紀公司的網路銜接完成。當前以網路交易服務為主，如提供交易行情、交易諮詢、交易結算與過戶等。與傳統交易方式同時並存的有電話、電報乃至書信等委託申報交易形式，但主要是電話或刷卡委託形式。

第四個階段。網路交易服務、網路在線交易為主要形式。隨著計算機和網路技術的高速發展，投資者不僅需要接受網路提供的增值交易服務，而且需要直接在網路與交易所聯機下單，進行實時網路交易。

當前，全球網路期貨交易正處於由第三個階段向第四階段轉變的時期。公開叫價制度仍然在一些傳統交易所保留，同時電話委託、電報委託、書信委託等仍然存在，特別是電話委託仍然是主要形式。網路交易服務將起著越來越重要的作用，同時網路直接交易成為可能，並將逐漸成為重要形式。

### 7.2.3 實現網路期貨交易的條件

（1）提高期貨市場網路化水平

期貨網路交易首先要把有形的市場與 Internet 連接，保證網路暢通，期貨網路交易人員必須要具備一定的網路業務知識和操作水平。較高的網路化水平，是實現網路期貨交易的重要前提。

（2）保證網路期貨交易的安全性

為保證期貨網路交易的可靠性和保密性，必須確保客戶能通過網路交易軟件登錄營業部的服務器，並具有充分的安全性。因此，必須加強網路的安全檢查工作。

（3）提高投資者和經營者素質，加快國民經濟信息化進程

提高投資者和經營者素質對於期貨業務創新是非常重要的，而國民經濟信息化水平是網路期貨交易重要的基礎。

### 7.2.4 網路期貨的特徵

隨著科學技術進步、網路時代的到來，期貨網路交易正日趨成為全球期貨市場一種新型的交易委託方式，網路期貨交易的不斷開展必將改變投資者的活動方式。網路期貨交易具有成本低、不受地域限制、高效便捷的特點，在西方一些國家正在逐步普及。美國的網路期貨交易始於 20 世紀 90 年代初，當時主要向機構投資者提供即時行情和網路期貨交易。隨著網路技術的發展和電腦網路的普及，湧現出很多網路期貨商，向機構投資者和個人投資者提供分析資料，發布公司信息等。網路期貨交易在英國、瑞典等西方國家的發展也是非常迅速的，期貨交易網路化正成為世界潮流；在世界範圍內的信息發展熱潮中，中國的 Internet 業務也得到了迅猛的發展。與此同時，中國也開始 Internet 在期貨業中的應用和實踐。

與傳統期貨交易方式相比，網路期貨交易具有以下優勢：

第一，交易系統的開放性。網路期貨交易通過 Internet，將處於各地的投資者聚集在無形的市場之中，因此交易系統是開放式的，其形式之方便靈活明顯優於有形市場。

第二，交易手段的簡便性。網路期貨交易提供了一個全新的交易手段，可以強化期貨交易中的風險管理。例如，網路期貨交易可以通過設立網址、建立系統，來規避因硬件設施發生故障而帶來的風險，而且因期貨交易行為不再依賴實體化的場所，可以克服自然環境變化的影響，避免天災和其他人為因素造成期貨市場毀損使得期貨交易被迫中斷的風險。通過網路管理和交易，可減少傳統的營業環節，降低營運風險。如投資者可直接通過網站實施投資決策，縮短中間環節，降低經營違規風險。

第三，資源配置的合理性。網路期貨交易可以克服市場信息不對稱的缺點，使資源合理化配置。市場經濟的信息不完全和信息不對稱，導致市場無法合理配置資源。期貨交易中的信息不對稱和不充分為部分掌握信息資源的人濫用比較優勢、進行內幕交易提供了可能性。網路期貨交易，可提高期貨市場信息交易速度，有效地提高期貨市場的定價功能和資源配置功能。

第四，交易成本的低廉性。網路期貨交易減少了傳統交易方式的時間成本、旅行成本、填單和報單成本，能比傳統交易方式提供更便捷、更可靠、更全方位的投資服務和信息服務。

網路期貨表現出了巨大的影響力，首先表現為對交易所、期貨經營商和普通投資者三者之間的關係進行重新整合。網路期貨交易使交易席位無形化，普通交易者可直接入市。另外，網路期貨交易縮小了期貨公司間的服務內容差別性，服務質量差異性成為主要的內容。期貨公司網路期貨交易的競爭將更加激烈。因此，現有的交易模式和市場結構受到網路化影響將發生深刻的變革，這要求期貨營業者培養超前經營意識，努力改變管理行銷模式，它同時對期貨公司的人才素質、技術、業務拓展和客戶服務等都提出了全新的要求。

### 7.2.5 網路期貨的功能

金融期貨市場具有獨特的經濟功能，是現代市場經濟不可缺少的組成部分，在市場經濟運行過程中發揮著重要的作用。

#### 7.2.5.1 價格發現

期貨價格是參與期貨交易的買賣雙方對未來某一時間的商品價格的預期。期貨市場遵循公開、公平、公正的「三公」原則。交易指令在高度組織化的期貨交易所內撮合成交，所有期貨合約的買賣都必須在期貨交易所內公開競價進行，不允許進行場外交易。同時，期貨交易的參與者眾多，而且他們大都熟悉某種商品行情，具有豐富的經營知識、廣泛的信息渠道及一套科學的分析、預測方法，能把各自的信息、經驗和方法帶到市場上來，對商品供需和價格走勢進行判斷、分析、預測，報出自己的理想價格，與眾多對手競爭。這樣形成的期貨價格實際上就反應了大多數人的預測，具有權威性，能夠比較真實地代表供求變動趨勢，對生產經營者有較強的指導作用，有助

於價格的形成。

### 7.2.5.2 套期保值

在金融市場中，投資者常常會面臨不同的風險，如利率、匯率和證券價格的變化所引起的資產損失風險。有了期貨交易後，投資者在現貨市場上買進或賣出一定數量現貨商品的同時，可以在期貨市場上賣出或買進與現貨品種相同、數量相當，但方向相反的期貨商品（期貨合約），以一個市場的盈利來彌補另一個市場的虧損，達到套期保值、規避價格風險的目的，其特點是：

第一，套期保值把期貨交易與現貨交易聯繫起來，兩者同時並存，互相補充。

第二，套期保值者可利用期貨市場與現貨市場同時存在，「兩面下註」「反向操作」，進而在兩個市場之間建立起一種「盈虧相互沖抵」的機制。

第三，套期保值者的目的和動機是為在現貨市場上的買賣交易保值，而不是期望在期貨市場上賺取差價盈利。

(1) 套期保值的經濟原理

套期保值交易之所以能取得保值的效果，是基於以下兩條基本經濟原理：同種商品的期貨價格和現貨價格之間會保持基本相同的走勢，要漲都漲，要跌都跌；當期貨合約的交割到來時，現貨價格和期貨價格之間會出現互相趨合的態勢，即現貨價格和期貨價格會大致相等，此時兩者之差逐漸趨近於零。

(2) 套期保值交易的操作原則

在做套期保值交易時，交易者必須遵循四條操作原則，即交易方向相反原則、商品種類相同原則、商品數量相等原則、月份相同或相近原則；否則，所做的交易就可能起不到套期保值交易應有的效果，達不到轉移價格風險的目的。

(3) 套期保值的形式

根據套期保值者是預先在期貨市場上占據買方位置還是賣方位置來劃分，套期保值者所做的套期保值交易主要有兩種基本類型：買入套期保值交易和賣出套期保值交易。

買入套期保值是指套期保值者先在期貨市場上買進期貨合約，然後在現貨市場上買入現貨的同時或前後，在期貨市場上進行對沖，賣出原先買進的該商品的期貨合約，進而為其在現貨市場上買進現貨的交易進行保值。買入套期保值又稱多頭套期保值。

買入套期保值的原理是買入套期保值者認為，目前現貨市場的現貨價格是合理的，並把它作為將來某個時間實際買進成交的目標價格。由於擔心在將來具體成交時價格上漲，並把這一價格和目標價格之間的差額看作是損失，買入套期保值者希望這一損失能夠在期貨市場上得到補償，於是先在期貨市場買入相當於現貨成交量的某一期貨合約，而在現貨交割時間的同時將期貨合約賣出。由於同種商品的現貨價格和期貨價格之間會保持大致相同的走勢，要漲都漲，要跌都跌，所以，當現貨市場上該種商品價格上漲時，該種商品的期貨價格也應上漲，從而，在期貨市場上結束所做的套期保值交易，以比原先買進期貨合約更高的價格賣出該商品的全部期貨合約就能在期貨市場上盈利，並且，期貨市場上所獲盈利額和現貨市場上的虧損額會大致相等，進而就

可以用期貨市場上的盈利來補償現貨市場上的虧損，達到保值的目的。反之，如果價格不僅未如該套期保值者擔心的那樣上漲，反而下跌，那麼，情況正好相反，在現貨市場上會出現盈利，在期貨市場上就會出現虧損，進而就可以用現貨市場上的盈利來補償在期貨市場上的虧損，兩者大體盈虧平衡。

買入套期保值交易業務的具體做法可分為兩個步驟：第一步，交易者根據自己在現貨市場中的交易位置，通過買進或賣出期貨合約，建立第一個期貨部位；第二步是在期貨合約到期之前，通過與先前所持空盤部位相反的部位來對沖在手的空盤部位，建立第二個期貨部位，結束套期保值交易業務。這兩個部位的商品品種、合約張數、合約月份必須是一致的。買入套期保值交易的過程是首先買進期貨合約，即買空，持有多頭頭寸；第二步才是賣出期貨合約。在期貨交易過程中，因先買期貨後賣期貨，故稱為買入套期保值，或買入對沖。

賣出套期保值是指套期保值者先在期貨市場上賣出期貨合約，然後在現貨市場上賣出現貨的同時或前後，在期貨市場上進行對沖，買進與原先賣出的該商品的期貨合約，進而為其在現貨市場上賣出現貨的交易進行保值。賣出套期保值交易又稱空頭套期保值。

賣出套期保值的原理是賣出套期保值者認為，目前現貨市場的現貨價格是合理的，並把它作為將來某個時間實際銷售成交的目標價格。由於擔心在將來具體成交時價格下跌，並把這一價格和目標價格之間的差額看作損失，賣出套期保值者希望這一損失能夠在期貨市場上得到補償，於是先在期貨市場賣出相當於現貨成交量的某一期貨合約；而且在現貨交割時間的同時將期貨合約買進。由於同種商品的現貨價格和期貨價格之間會保持大致相同的走勢，要漲都漲，要跌都跌，所以，此時該種商品的期貨價格也應下跌，在期貨市場以按原先賣出該種期貨合約更低的價格買進該種期貨合約，對沖後就會出現盈利，進而就能用期貨市場上的盈利來補償現貨市場上的虧損，達到保值的目的。反之，如果價格不僅並未像該套期保值者所擔心的那樣出現下跌，反而上漲了，那麼，情況會正好相反，在現貨市場上會出現盈利，在期貨市場會出現虧損，進而就可以用現貨市場上的盈利來補償期貨市場上的虧損，兩者大體盈虧平衡。

賣出套期保值交易與買入套期保值交易的過程相反：首先，賣出期貨合約，即賣空，持有空頭頭寸，建立第一個期貨部位；然後，買進期貨合約對沖，建立第二個期貨部位。在期貨交易過程中，因為先賣期貨後買期貨，故稱為賣出套期保值，或賣出對沖。

## 7.3 股指期貨

### 7.3.1 股指期貨的發展

#### 7.3.1.1 股指期貨的概念

股指期貨的全稱是股票價格指數期貨，也可稱為股價指數期貨。股指期貨是指以

股價指數為標的物的標準化期貨合約，雙方約定在未來的某個特定日期，可以按照事先確定的股價指數的大小，進行標的指數的買賣。作為金融期貨交易的一種類型，股指期貨交易與普通商品期貨交易具有基本相同的特徵和流程。

7.3.1.2　股指期貨的產生以及發展歷程

(1) 股票指數期貨的產生

股票指數期貨是現代資本市場的產物，20世紀70年代，西方各國受到石油危機的影響，經濟動盪加劇，通貨膨脹日趨嚴重，利率波動劇烈，導致美國等發達國家股票市場受到嚴重打擊，股票價格大幅波動，風險日益突出。投資者迫切需要一種能夠有效規避風險、實現資產保值的金融工具，於是，股票指數期貨應運而生。

1982年2月24日，美國堪薩斯期貨交易所推出第一份股票指數期貨合約—價值線綜合指數期貨合約；同年4月，芝加哥商業交易所推出標準·普爾500種股票指數期貨和約；5月，紐約期貨交易所推出紐約證券交易所綜合指數期貨交易。

以股票指數為依據，利用股指的漲跌進行交易，投資者只要瞭解國民經濟總的發展情況、金融市場的利率情況和國內主要行業的發展前景，就可以預測股票指數的走勢，避免了挑選股票的困難和減少了在單個股票中投資的風險，還可有效對沖所持股票價格的下跌風險。因此，股票指數期貨吸引了機構投資者和個人投資者的廣泛參與。使得這項金融創新不僅在美國得到推廣，同時也備受各國金融界的關注，在世界範圍內迅速發展起來。進入20世紀90年代以後，隨著全球證券市場的迅猛發展，股指期貨交易更是呈現了良好的發展勢頭。截至1999年年底，全球已有140多種股指期貨合約在各國交易，成為國際資本市場中最有活力的風險管理工具之一。

目前，國際市場上主要的股指期貨合約品種有：芝加哥商業交易所的標準·普爾500指數期貨合約、E-MIMS&P500指數期貨合約；芝加哥期貨交易所的道·瓊斯工業平均指數期貨合約；香港期貨交易所的恒生指數期貨合約、小型恒指期貨合約；韓國期貨交易所的KoSP1200股指期貨合約；日本大阪證券交易所的日經225股價指數合約；臺灣期貨交易所的臺灣股價指數期貨合約等。

(2) 股票指數期貨的發展歷程

股指期貨是從股市交易中衍生出來的一種全新的交易方式，它是以股票價格指數為標的物的期貨合約，屬於金融衍生產品的範疇。儘管股指期貨是金融期貨中發展最快的品種之一，但是它的發展歷程並非一帆風順。縱觀股指期貨的發展歷程，可以分為萌芽期、成長期、停滯期和繁榮期四個階段。

①萌芽期 (1982年至1955年)

20世紀70年代，西方各國受石油危機的影響，經濟發展十分不穩定，利率波動頻繁，通貨膨脹加劇，股票市場價格大幅波動，股票投資者迫切需要一種能夠有效規避風險、實現資產保值的金融工具。於是，股票指數期貨應運而生。直到1982年2月16日，堪薩斯期貨交易所開展股指期貨的報告終於獲准通過，24日，該交易所推出了道·瓊斯綜合指數期貨合約的交易，從此宣告了股指期貨的誕生。交易一開市就十分活躍，當天成交近1,800張合約。此後，在4月21日，芝加哥商業交易所推出了標準·

普爾500指數期貨合約，當天交易量就達到3,963張。1984年，倫敦國際金融期貨交易所推出金融時報100指數期貨合約。這一時期，無論交易所還是投資者，都對股指期貨特性不甚瞭解，處於「邊干邊學」的狀態之中，市場走勢還不太平穩。

②成長期（1986年至1987年）

隨著股指期貨市場的不斷發展，由於其買賣成本低、抗風險性強等優點，逐漸受到了投資者的追捧，股指期貨的功能在這一時期內逐步被認同。由於美國股指期貨交易的迅速發展，引起了其他國家和地區的競相效仿，從而形成了世界性的股指期貨交易的熱潮。悉尼、多倫多、倫敦以及香港、新加坡等國家和地區也紛紛加入行列。股指期貨交易在全球各大交易所如雨後春筍般地發展起來，其交易規模也在不斷放大。隨著市場效率的提高，使得大部分股市投資者已開始參與從股指期貨交易，並熟練運用這一金融工具對沖風險和謀取價差。在這一時期，股指期貨高速發展，期貨市場的高流動性、高效率、低成本的特點得以完全顯現，無風險套利行為由於市場的成熟而變得機會渺茫，但是同時孕育出了更為複雜的動態交易模式。

③停滯期（1987年年底至1990年）

1987年10月19日，華爾街股市大崩潰，道‧瓊斯指數暴跌508點，下跌近25%，引發全球股災。1988年Bra街委員會報告提出了瀑布理論，指出股指期貨的組合保險和指數套利，是造成股災的罪魁禍首。為了盡快出清所持有的資產頭寸，使用組合資產保險策略的機構往往在期貨市場上大量拋售股指期貨合約。大量拋售行為導致，股指期貨合約價格明顯低於現貨市場對應的「籃子股票」價格，從而指數套利者利用期現之間的基差進行指數套利，即買進股指期貨合約並賣出相應股票，由此期貨市場的價格下跌導致現貨市場的價格下跌，並進一步引發惡性循環。1987年股災導致美國的股指期貨、期權受到較大衝擊，交易量大大減少。此後，學術界的研究表明，股指期貨並非是導致1987年股災的罪魁禍首。儘管如此，為了防範股票市場價格的大幅下跌，各大證券交易所和期貨交易所均採取了多項限制措施，例如採用「斷路器」、限制程式交易（Program Trading）、每日價格限制等。隨著市場對股指期貨功能認識的統一與規則的完善，股指期貨在20世紀90年代後出現繁榮局面。

④繁榮期（1990年至今）

進入20世紀90年代後，全球主要股票市場的繁榮，以及機構投資者數量的迅猛增長，投資者利用股指期貨進行風險對沖和套利的需求顯著增加，股指期貨交易規模不斷增長。股指期貨正成為近年來金融領域發展最為迅速的產品之一。

具體來看，股指期貨呈現出如下發展態勢：

其一，交易量不斷上升並日漸占據主導地位。2006年年初，美國期貨業協會（FIA）發布《Annual Volume survey》。統計顯示，2005年全球期貨、期權交易量達到近99億手，其中，金融期貨、期權為91.39億手，占到91.31%。股指期貨、期權的交易量達到了40.80億手，占到了金融期貨、期權交易量的44.64%，總交易量的41.21%。可見，股指期貨、期權已成為交易量最大的品種，幾乎占據了全球期貨期權交易的主導地位。

其二，品種不斷創新和豐富。股指期貨、期權的標的資產相當豐富，合約種類較

多。根據相關資料，截至2004年年底，在加入了國際交易所聯合會（FIBV）的237家證券交易所中，在34個國家或地區有39家交易所至少有一個股指期貨或股指期權品種掛牌交易，共計188個股指期貨品種。股指期貨品種創新層出不窮，例如，為滿足中小投資者的需求，芝加哥商品交易所（CME）推出 E — MIMS&P500 股指期貨，香港交易所（HKFE）推出迷你型恒生股指期貨；CME、KCBT 分別推出了以高科技類股指為標的 NAsDAQl00、KcBT 股指期貨；歐洲地區推出了以全球不同經濟區指數為標的的股指期貨。

股指期貨、期權交易以其特殊魅力，受到廣大投資者的青睞。在2005年交易量居世界前10位的合約中，有3個為股指期貨、期權，分別是在韓國期貨交易所（KSE）上市的 KOSPUOO 股指期權、CME 上市的 E — MINIS&P500 期貨，歐洲期貨交易所（EUREX）道瓊斯 Eurostoxx50 股指期貨。

其三，股指期貨在新興市場的迅速發展。為適應國際金融自由化、一體化浪潮，提升本國證券市場的競爭力，許多新興證券市場陸續推出了股指期貨。在亞洲，韓國於1996年6月開設了 KOPSIZoo 股指期貨；中國臺北國際金融交易所於1998年7月推出了臺證綜合股價指數期貨。在歐洲，俄羅斯、匈牙利、波蘭等轉軌經濟國家均已開設了股指期貨交易。南美的巴西、智利等國也成功地推出了各自的股指期貨合約。

### 7.3.2 股指期貨的含義與特點

金融期貨品種分為外匯、利率與指數期貨三大類。股指期貨是指數類期貨中的主導品種，也是金融期貨中歷史最短、發展最快的金融產品。股票指數期貨交易指的是以股票指數為交易的期貨交易。和其他期貨品種相比，股指期貨品種具有以下幾個突出特點：

第一，相應的股票指數構成股指期貨的標的物。

第二，以指數點作為股指期貨的報價單位，以一定的貨幣乘數與股票指數報價的乘積來表示合約的價值。

第三，採用現金交割作為股指期貨的交割，即不是通過交割股票，而是通過結算差價用現金來結清頭寸。

### 7.3.3 股指期貨的功能

股指期貨具有價格導向、套期保值、資產配置等功能，具體是：

#### 7.3.3.1 價格導向

股指期貨交易採用集中撮合競價方式，能產生未來不同到期月份的股票指數期貨合約價格，預期股票市場的未來走勢；同時，通過大量研究，發現股指期貨價格通常領先於股票現貨市場的價格，並有利於提高股票現貨市場價格的信息含量。因此，股指期貨與現貨市場股票指數相配套，可起到國家宏觀經濟預警的作用。

#### 7.3.3.2 套期保值

股指期貨能滿足市場參與者對股市風險對沖工具的強烈需求，促進股票一級市場

和二級市場的發展。

（1）當上市公司股東、證券自營商、證券投資基金和其他投資者在持有股票時，可通過賣出股指期貨合約規避股市整體下跌的系統性價格風險。這樣，一方面可繼續享有相應股東權益，另一方面可維持所持股票資產的原有價值，對整個股市而言，可減輕集中性拋售對股票市場造成的恐慌性影響，促進股票二級市場的規範與發展。

（2）股票承銷商在包銷股票的同時，為規避股市總體下跌的風險，可通過預先賣出相應數量的股指期貨合約以對沖風險、鎖定利潤。

（3）應該說，只能通過相應的股票期貨對沖個股的價格風險；但是，當股票市場出現系統性風險時，個股或股票組合投資就可通過股指期貨合約進行套期保值。

### 7.3.3.3 優化資產配置

股指期貨具有資產配置的功能：

（1）通過套空機制有效配置資產。套空機制使得投資者的投資策略從等待股票價格上升的單一模式轉變為雙向投資，使投資人的資金在行情下跌中也能有所作為而非被動閒置。

（2）有利於增加機構投資者，完善組合投資、強化風險管理。

（3）有利於加快市場流通性、提高資金利用率，完善資本市場的運作。

### 7.3.4 股指期貨的作用

根據當前中國資本市場的特徵與發展趨勢，開展中國的股指期貨交易具有積極的意義，具體表現在四個方面。

（1）縮減股市系統風險，保護廣大投資者的利益。中國股市的一個特點是股指波動幅度較大，系統風險較大，這種風險無法通過股票市場上的分散投資來避免。開展股指期貨交易，即可在一級市場為股票承銷商包銷股票提供風險迴避的工具，又可為廣大的二級市場投資者規避風險，確保投資收益。

（2）穩定股價。開展股指期貨交易有利於提高股票現貨市場的透明度；如果股票現貨市場價格與股指期貨市場間價差增大，將會引來兩個市場間的大量套利行為，可抑制股票市場價格的過度波動。

（3）預警功能。股指期貨是重要的國民經濟領先指標，其交易狀況可反應國民經濟的未來走勢，充分發揮其作為國民經濟預警的功能。

（4）有利於培養機構投資者，規範市場運作。開展股指期貨交易，可以為機構投資者提供有效的風險管理工具，增加投資品種，促進長期組合投資與理性交易，加快市場流動性，培育機構投資者，為規範資本市場運作打下基礎。

## 延伸閱讀：解讀金融期貨強制減倉制度

和訊網　董世聰 2017-07-28

為了更好地應對市場風險急遽增大的情況，有效地管理風險，中國金融期貨市場

實行了強制減倉制度。根據《中國金融期貨交易所風險控制管理辦法》，強制減倉是當市場出現連續兩個及兩個以上交易日的同方向漲（跌）停等特別重大的風險時，為迅速、有效化解市場風險，防止會員大量違約而採取的措施。

強制減倉的適用範圍

強制減倉是境內期貨市場特有的風險控制措施。期貨交易出現同方向連續漲跌停板單邊無連續報價或者市場風險明顯增大情況的，交易所權將當日以漲跌停板價格申報的未成交平倉報單，以當日漲跌停板價格與該合約淨持倉盈利客戶按照持倉比例自動撮合成交。

當期貨合約連續兩個交易日出現同方向單邊市（第一個單邊市的交易日稱為 D1 交易日，第二個單邊市的交易日稱為 D2 交易日），市場收市後，交易所將已在計算機系統中漲跌停板價申報無法成交的且客戶合約的單位淨持倉虧損大於等於 D2 交易日結算價一定比例（股指期貨為10%，國債期貨為2%）的所有持倉，與該合約淨持倉盈利大於零的投資者按持倉比例自動撮合成交。同一投資者持有雙向頭寸，則其淨持倉部分的平倉報單參與強制減倉計算，其餘平倉報單與其反向持倉自動對沖平倉。

客戶合約的單位淨持倉盈虧是指客戶該合約的持倉盈虧的總和除以淨持倉量。客戶該合約持倉盈虧的總和是指客戶該合約所有持倉中，D0 交易日（含）前成交的按照 D0 交易日結算價、D1 交易日和 D2 交易日成交的按照實際成交價與 D2 交易日結算價的差額合併計算的盈虧總和。

根據上述方法計算的單位淨持倉盈利大於零的客戶的盈利方向淨持倉均列入平倉範圍。

強制減倉的平倉順序

根據強制減倉的規則，按照盈利大小的不同，盈利客戶的持倉分成三級，逐級分配平倉數量。平倉數量首先分配給第一級盈利持倉（股指期貨為單位淨持倉盈利大於等於 D2 交易日結算價的10%的持倉，國債期貨為單位淨持倉盈利大於等於 D2 交易日結算價的2%的持倉）；其次分配給第二級盈利持倉（股指期貨為單位淨持倉盈利小於 D2 交易日結算價的10%而大於等於6%的持倉，國債期貨為單位淨持倉盈利小於 D2 交易日結算價的2%而大於等於1%的持倉）；最後分配給第三級盈利持倉（股指期貨為單位淨持倉盈利小於 D2 交易日結算價的6%而大於零的持倉，國債期貨為單位淨持倉盈利小於 D2 交易日結算價的1%而大於零的持倉）。

以上各級分配比例均按照申報平倉數量（剩餘申報平倉數量）與各級可平倉的盈利持倉數量之比進行分配：第一級盈利持倉數量大於等於申報平倉數量的，根據申報平倉數量與第一級盈利持倉數量的比例，將申報平倉數量向第一級盈利持倉分配實際平倉數量。第一級盈利持倉數量小於申報平倉數量的，根據第一級盈利持倉數量與申報平倉數量的比例，將第一級盈利持倉數量向申報平倉客戶分配實際平倉數量；再把剩餘的申報平倉數量按照上述的分配方法依次向第二級盈利持倉、第三級盈利持倉分配；還有剩餘的，不再分配。

強制減倉於 D2 交易日收市後執行，強制減倉結果作為 D2 交易日會員的交易結果。強制減倉的價格為該合約 D2 交易日的漲跌停板價格。交易所進行強制減倉造成的損失

由會員及其客戶承擔。

強制減倉的意義和差別

當市場連續出現同方向單邊市時，市場風險急遽增大，如果不採取措施，違約率會快速上升，對市場帶來巨大風險，嚴重影響市場的健康有序運作；同時，中小投資者在面對市場風險時，難以有效應對，容易發生巨大損失。金融期貨市場強制減倉制度的實施，一方面使得交易所能迅速、有效地化解市場風險，防止會員違約，另一方面也充分保護了中小投資者的利益。綜合來看，強制減倉制度起到了促進金融期貨市場有序發展的作用，保障了金融期貨市場的安全、健康運行。

# 第 8 章　網路金融風險與監管

## 8.1　網路金融一般風險

　　風險是指行為結果的不確定性，這種不確定性可能會給行為者帶來意想不到的損失。網路金融風險即是指在網路金融業務中，由於技術、管理上的原因或遭遇黑客攻擊、病毒感染以及人為、自然的原因而致使交易數據丟失、被竊、遭破壞等各種可能性，進而導致網路金融交易各方利益遭受意想不到的損失，其中還包括通信信息和資金流對金融市場可能帶來的衝擊和危害。

　　傳統金融面臨的風險在網路金融的運行中依然存在，但是，網路金融採用與傳統金融不同的方式擴展和創新金融服務業務與工具，這種金融服務具有超越時空的特徵，因此類似的風險在表現形式及程度上有所變化。這些風險構成了網路金融的一般風險，具體包括市場風險、流動性風險、信用風險及操作風險等。

### 8.1.1　市場風險

　　市場風險是指因市場價格變動，金融機構資產負債表內外的資產與負債因為各項目頭寸不一樣或資產組合不合適而遭受損失的可能性。市場風險包括商品價格風險、利率風險、匯率風險等。商品價格風險是指市場價格的不確定性給企業的商品資產帶來的收益或損失。其又可以根據原因的不同分為需求性風險、宏觀性價格風險、政治性價格風險、政策性價格風險、季節性價格風險和突發性價格風險。利率風險是指網路金融機構因利率變動而蒙受損失的可能性。提供電子貨幣的網路銀行因為利率的不利變動，其資產相對於負債可能會發生貶值，網路銀行因此將承擔相當高的利率風險。匯率風險是指網路金融機構因匯率變動而蒙受損失的可能性。網路金融的全天候無邊界特性，有可能使其經營者更傾向於從事跨國界交易和國際金融業務，當外匯匯率變動時，可能使其資產負債表中的項目出現虧損，從而面臨較大的匯率風險。

### 8.1.2　流動性風險

　　流動性風險即指資產到期時不能無損失變現的風險。流動性風險對於任何金融機構都是客觀存在的。對於網路金融機構來說，因為電子貨幣的發行使其流動性風險具備另外的特性。通常情況下，發行機構不需要也不可能保持用於贖回電子貨幣的 100%的傳統貨幣準備。但是一旦由於某些事件（如不穩健的投資導致資產損失從而出現資不抵債，或者受其他電子貨幣不良表現的影響）而引起對某一電子貨幣系統的信心危

機,發行機構就可能面臨嚴重的流動性風險。一般情況下,網路金融機構往往會因為流動性風險而惡性循環地陷入信譽風險當中。

### 8.1.3 信用風險

在網路金融交易的虛擬世界中,交易雙方遠隔千山萬水,不直接見面,在身分的判別確認、違約責任的追究等方面都存在較大的困難。網路金融機構只能通過遠程通信的手段,借助一定的信用確認程序對客戶的信用等級進行評估。因此,網路金融機構的信用風險遠較傳統金融機構中發生的可能性大。客戶很可能不履行對電子貨幣的借貸所應該承擔的義務,或者由於客戶網路登記所在地金融信用評估系統不健全等原因而造成網路金融機構的信用風險。例如,遠程客戶可以通過網路來申請貸款,如果網路銀行沒有完善的程序來審查客戶的信用度,那麼銀行的信用風險勢必加大。另外,從電子貨幣發行者處購買電子貨幣用於轉賣的金融機構,也會由於發行者不兌現電子貨幣而承擔信用風險。

### 8.1.4 操作風險

操作風險指網路金融機構由於自身交易系統、產品或服務的設計存在缺陷,機構內部管理失誤或控製缺失,以及操作人員的操作失誤等因素而導致損失的可能性。操作風險涉及的範圍很廣,如網路金融機構帳戶的授權使用,網路金融機構的風險管理系統運行,網路金融機構與其他金融機構和客戶間的信息交流、交易實施及真假電子貨幣的識別等。以 2000 年 3 月 16 日在上海證券交易所上市的可轉換債券「機場轉債」為例,該產品面值為 100 元,當天上午 9 點 30 分開盤價為 1.88 元,隨後的最低成交價甚至達到 1.20 元。9 點 35 分成交價為 2 元,9 點 37 分卻一躍而起達到 100 元,當日最高價達 107 元,並最終報收於 101.06 元。之所以會有開盤短暫幾分鐘令人瞠目結舌的這一幕出現,是由於部分機場轉債持有人對交易系統的報價規則不熟悉,因而操作失誤,將機場轉債當作面值 1 元的基金報價出售。上海證券交易所隨後發出了兩份通知,其中一份稱「此次異常系少數投資者委託出現差錯所致」,另一通知稱「為最大限度地保護投資者的利益,決定對成交價低於 90 元的交易暫不辦理交割手續」。

## 8.2　網路金融特殊風險

網路金融的特點決定了其引發風險的因素以及這些風險的影響與傳統金融業不完全相同。網路金融除了具有傳統金融業經營過程中存在的一般風險之外,還由於其特殊性而存在著基於信息技術導致的技術風險和基於虛擬金融服務品種形成的業務風險。

### 8.2.1 網路金融的技術風險

8.2.1.1　技術選擇風險

金融機構為支撐網路業務的開展,必須選擇一種技術解決方案,因而就存在所選

擇的技術方案在設計上可能出現缺陷或被錯誤操作的風險。例如，在與客戶的信息傳輸中，如果使用的系統與客戶終端的軟件互相不兼容，那麼就存在著傳輸中斷或速度降低的可能。當各種網路金融的解決方案紛紛出抬，不同的信息技術公司大力推動各自的解決方案時，金融機構選擇與哪一家公司合作，採用哪一種網路金融解決方案，都將是金融機構存在的一種潛在風險。一旦選擇錯誤，則可能使其所經營的網路金融業務處於技術陳舊、網路過時的競爭劣勢，造成巨大的技術機會損失，甚至是巨大的商業機會損失。

### 8.2.1.2 系統安全風險

網路金融是基於全球電子信息系統基礎上運行的金融服務形式，硬件及軟件等出現故障或事故會引發新形式的風險。例如，1985 年 11 月，美國紐約銀行的證券結算系統軟件發生故障，使得整個系統陷入癱瘓。結果，銀行對顧客委託購入政府債券的資金回收信息不能對外授信，使得購入債券的資金停滯入帳。同時，美國紐約銀行與他行之間的證券交割及其票款的支付和往日一樣，在聯邦儲備銀行的帳戶中自動進行。因此，該行的存款準備金帳戶出現透支。隨著時間的推移，當故障排除後，一夜間從紐約聯邦儲備銀行融資 226 億美元，借入金額相當於該行自有資本的 23 倍，資產總額的 2 倍以上。結果，包括這一天的利息，該行損失達 500 萬美元。根據對發達國家不同行業的調查，計算機系統停機、磁盤列陣破壞等因素對不同行業造成的損失各不相同，其中，對零售業和銀行業的影響最大，其次是信用卡服務授權機構和製造業。由此可以看出，發達國家金融業的經營服務已在相當程度上依賴於信息系統的運行。信息系統的平穩、可靠運行，成為網路金融系統安全的重要保障。軟、硬件的故障不僅會給金融機構帶來直接的經濟損失，而且會影響到金融機構的企業形象和客戶對金融機構的信任水平。

### 8.2.1.3 網路黑客攻擊風險

網路金融交易的運行必須依靠計算機，依靠 Internet，所有交易資料都在計算機內存儲，網路信息的傳遞很容易成為眾多網路黑客的攻擊目標。在一些發達國家和地區，電腦黑客對 Internet 的攻擊十分猖獗，有些已發展成為有組織的行為。他們往往針對 Internet 自身的一些缺陷，利用更為高超的方法和工具破壞網路數據，給網路金融的發展造成極大的危害。例如，在臺灣地區，新聞媒體多次披露電腦黑客入侵股票交易網路。臺灣地區的股市交易是一個封閉系統，只接受單一證券商委託交易的功能指令，外人無法進入。客戶資料的外露只有在證券商電腦主機與外界聯繫時才會發生，外界入侵只能在網路下單、證券商內部網路和證券商在網站設站三個方面。臺灣證券業自稱其安全系統如何了得，但是還是出現了網路黑客的侵襲事件。目前，不少客戶不敢在網路傳送自己的信用卡帳號等關鍵信息也是基於這個原因，這嚴重制約了網路金融業務發展。

隨著金融電子化網路系統覆蓋面的擴大、服務項目的增多，以及金融終端機向社會延伸，黑客襲擊和網路金融發生技術性風險的可能性越來越大，危害越來越嚴重：①潛在攻擊者增多。網路銀行等開展網路金融業務的機構可能面對的外部攻擊來自上

億的網民，而且這個數字還在快速增長。②攻擊手段不斷翻新，帶有高度的技術複雜性，不具備相當程度的計算機知識，很難發現和對付。③攻擊範圍增大。由於綜合網路系統固有的技術特徵的內在關聯性，只要突破了一項業務的系統堡壘就可能在整個綜合網路內暢行無阻。在這種情況下，造成的後果無疑更加嚴重。④多數通過終端機犯罪，所以不會留下有關筆跡、相貌等帶有個人特徵的數據，給確認罪犯帶來困難。

#### 8.2.1.4 計算機病毒破壞風險

現階段計算機病毒越來越多，病毒的入侵往往會造成網路主機的系統崩潰、數據丟失等嚴重後果。據《華爾街日報》消息，2017年5月肆虐全球的勒索病毒造成的直接經濟損失或達80億美元。計算機病毒普遍具有較強的再生異化功能，一接觸就可通過網路進行擴散與傳染。一旦某個程序被感染，很快整臺機器、整個網路也會被感染。據有關資料介紹，在網路上病毒傳播的速度是單機的幾十倍。這些病毒如不能被有效防範，將會毀壞所有數據，給網路金融帶來致命威脅。

#### 8.2.1.5 外部技術支持風險

由於網路技術的高度知識化和專業性，或出於對降低營運成本的考慮，金融機構往往要依賴外部市場的服務支持來解決內部的技術或管理難題，如聘請金融機構之外的專家來實現支持和操作各種網路業務活動。這種做法適應了網路金融發展的要求，但也使自身暴露在可能出現的操作風險之中，外部的技術支持者可能並不具備滿足金融機構要求的足夠能力，也可能因為自身的原因而中止提供服務，這將會給金融機構提供高質量虛擬服務構成威脅。

### 8.2.2 網路金融的業務風險

網路金融基於提供虛擬金融服務會形成的業務風險，其主要包括法律風險、實用性風險、信譽風險、注意力分散風險、鏈接服務風險等。

#### 8.2.2.1 法律風險

法律風險來源於違反法律、規章的可能性，或者來源有關交易各方的法律權利和義務的不明確性。網路金融屬於新興事物，大多數國家尚未有配套的法律法規與之相適應，造成了金融機構在開展業務時無法可依。金融機構通過互聯網在其他國家開展業務，對於當地的法規可能不甚瞭解，從而加劇了法律風險。例如，網路銀行通過國際互聯網吸引國外客戶，發售的電子貨幣可能在註冊地以外流通，使得銀行未能遵守該國法規，造成預想不到的法律方面的糾紛。有關網路的法律仍不完善，比如電子合同和數字簽名的有效性，而且各國情況也不一樣，這也加大了金融機構的法律風險。

#### 8.2.2.2 實用性風險

所謂實用性是指網路金融服務能夠滿足客戶不同需求的特性。實用性風險則主要是指由於客戶自身條件和需求內容的不同，要求網路金融機構所提供的服務也各不相同而造成的風險。由於個體金融機構的經營理念和文化背景不同，有的強調穩健性，有的側重於快捷性。穩健型金融機構視交易安全為第一，客戶資金安全能夠得到充分

的保證，但在網路實際進行交易時，往往表現出手續繁雜、認證過程較長的弊端；快捷型網路金融機構進行交易時一般速度較快，認證解密時間較短，但安全性有所降低。還有的網路金融機構因強調其業務的特殊性，成為脫離實體機構之外的一個獨立系統，或者兩者關聯部分甚少。如此眾多的差異導致了客戶對網路金融機構的不同認識，客戶在進行網路交易時會根據自己的實際需求情況，對各個機構的交易及特點進行認真的比較，以選擇能夠充分滿足自身需求的網路金融服務。因此，實用性在網路金融中有著其獨特的地位與作用，在工作中如不加以重視，就會出現失去客戶的風險。

#### 8.2.2.3　信譽風險

對開展網路金融服務的金融機構來說，提供一個可靠的網路是至關重要的。如果金融機構不能持續地提供安全、準確和及時的網路金融服務，金融機構的信譽將受到損害。同樣，如果金融機構不能及時地回覆客戶在電子郵件中的詢問，或者洩漏了客戶的信息，也將對金融機構信譽造成不利影響。重大的安全事故無論是由外部還是內部攻擊造成的，都將降低公眾或市場對該金融機構的信心，進而對整個網路金融系統的安全性和可行性產生懷疑，在極端情況下，這可能會導致金融系統的崩潰。

#### 8.2.2.4　注意力分散風險

注意力分散風險主要是指網站因吸引不到足夠的點擊者，無法形成一定數量的固定瀏覽群體，而造成潛在客戶流失，金融機構收益下降的可能。由於網路的普遍性與公平性，個體消費者在眾多網站面前享有充分的自由選擇權。同時，網路金融的虛擬性又使其失去了實體金融機構在行銷過程中與客戶進行面對面親切交流的機會，造成客戶與金融機構之間親和力下降。

#### 8.2.2.5　鏈接服務風險

鏈接服務風險主要是指網路銀行等金融機構鏈接不到足夠的電子商務網站，銀行無法為客戶在網路消費提供支付服務，造成客戶轉移註冊，並最終導致收益損失的可能。客戶在網路消費到哪裡，所註冊的網路銀行等金融機構就應跟蹤鏈接到哪裡。網路銀行等金融機構要實現盈利目標，就必須吸引到大量的客戶。為此，網路銀行一方面要向社會公眾做好宣傳與行銷，提高自己品牌的知名度，另一方面，要做好與其他著名商務網站的鏈接，讓他們提示客戶在進行消費時優先鏈接到自己的網址，使用本行提供的交易支付工具。如果網路銀行等金融機構鏈接不到足夠的電子商城或知名網站，就會出現客戶流失現象，並最終影響到金融機構的經濟收益。

## 8.3　網路金融風險的成因、特點及爆發

### 8.3.1　網路金融風險的成因

網路金融風險，無論是一般風險還是特殊風險，其產生的原因可以從網路金融機構自身、客戶信用、網路系統、法律法規和中央銀行監管五個方面分析。

#### 8.3.1.1 網路金融機構自身

網路金融是20世紀90年代中後期才出現的新生事物,在網路金融規模和客戶迅速擴大的同時,網路金融機構對網路金融的經營和管理無論是在經營管理理念,還是在經營管理策略方面都缺乏足夠的經驗,這就不可避免地產生一系列問題,因此導致網路金融面臨的各種風險。

#### 8.3.1.2 客戶信用

網路金融風險來自客戶信用方面的原因主要是由於社會信用體系不夠健全。在一個金融交易體系中,當所有的參與者不講信用,卻不必為失信支付代價或只需支付很小代價時,整個社會將要為此付出高昂的代價。當前中國社會金融運行中,客戶、企業與銀行之間的信用觀念相對欠缺,比較混亂的信用管理導致在中國很多企業不願採用信用結算的方式。

#### 8.3.1.3 網路系統

網路金融相比於傳統金融,是建立在充分開放、管理鬆散和不設防護的公共網路上面。網路金融「3A」的客戶服務使其更容易受到攻擊,受攻擊的範圍更大,方法也更加隱蔽。網路金融的貨幣是以電子貨幣的形式出現的,電子貨幣的活動在網路中主要表現為數據的存儲和傳輸。無論是存儲或是傳輸,任何一個環節出現問題,都會影響數據的真實性和正確性,進而影響電子貨幣活動的準確性,最終導致網路金融產生難以估量的損失。從網路金融產生的基礎和發展來看,網路系統方面所造成的風險是網路金融隨時都會面臨和必須應對的。

#### 8.3.1.4 法律法規

作為一種迅速崛起的新型金融產業組織形式,網路金融的立法往往滯後而不能給予及時、全面的法律規範。另外,網路金融的國際性和跨國性,需要一個與國際接軌的法律體系,但很多國家的法律制度建設距此還有相當大的距離。

#### 8.3.1.5 中央銀行監管

網路金融完全突破了傳統金融的經營模式,特別是其不受地域和時間的限制,所有業務都以數字化的形式在線運行,金融機構和客戶之間的往來全部以不見面的方式進行,各項金融業務可以在瞬間完成,巨額資金可以不受國界制約實現跨國流通,特別能使那些國際遊資更加瘋狂、投機地自由進出各國金融體系。這樣的情況使得金融監管當局傳統的現場檢查和非現場監管方式失去效應。中央銀行對本國的資金流向無法把握,各類金融產品及其衍生產品更加無從監管,很容易造成一國中央銀行監管不力而爆發金融風險。

### 8.3.2 網路金融風險的特點

網路金融面臨的風險在本質上與傳統金融沒有區別,但採用網路技術的網路金融運行造成了金融風險的放大效應,主要表現在以下五個方面。

第一，在網路金融環境下，所有金融交易均表現為貨幣電子信息的轉移與傳遞，在網路系統中運轉的已不是有形貨幣與資金，而僅僅是代表貨幣資金的電子信號，這種電子信號所代表的貨幣可以大大超過實際所存在的貨幣，金融活動的運行更加虛擬化了。

第二，網路金融具有快速遠程處理功能，這雖然為便捷、高速的金融服務提供了條件，但也使支付、清算風險的國際性波及速度變快，範圍變廣。風險的積聚與發生可能就在同一時間內，使預防風險變得困難。在紙質結算中，對於出現的偶然性差錯或失誤，有一定的時間進行糾正，現在，這種回旋餘地大大縮小，錯誤的擴散面加大，補救成本加大。

第三，網路金融的整個交易過程幾乎全部在網路完成，使金融業務失去了時間和地域的限制，交易對象變得難以明確，交易過程更加不透明，導致中央銀行難以準確瞭解金融機構資產負債的實際情況，造成信息不對稱，使風險集中，速度加快，風險形式更加多樣化。

第四，金融風險交叉「傳染」的可能性增加了，在一國國內，原先可以通過分業設置市場屏障或特許等方式，將風險隔離在一個個相對獨立的領域中，分而化之，但現在這種「物理」隔離的有效性正在大大減弱。在網路金融中，各國金融業務和客戶的相互滲入和交叉，使國與國之間的風險相關性正在日益加強。

第五，金融危機的突然爆發性和破壞性加大。當金融交易越來越多地通過互聯網進行時，這些全天 24 小時連續運轉的交易系統，在給投資人提供便利的同時，也更容易造成全球範圍內影響更大、更廣、更深的金融市場風險。近幾年全球頻頻出現的衍生性金融商品風險事件，主要就是通過網路交易方式進行的。在網路時代，只要輕輕敲幾下鍵盤，資金即可到達地球的任何一個角落。在如此快捷的融資條件下，市場波動的突發性和劇烈性是可想而知的。一些超級金融集團為實現利益最大化，可利用國際金融交易網路平臺進行大範圍的國際投資與投機活動，但卻部分地逃避了各國金融當局的監管，加大了金融危機爆發的突然性。而危機一旦形成，就會迅速波及相關的國家。國際遊資對泰國的衝擊及由此引發的東南亞金融風波即是先例。

### 8.3.3 國際網路金融風險的爆發

進入 20 世紀 90 年代以來，金融危機頻繁爆發：先是在 1992 年爆發了英鎊危機，然後是 1994 年 12 月爆發的墨西哥金融危機，最為嚴重的是 1997—1998 年東亞金融危機。1997—1998 年的東亞金融危機充滿了戲劇性：當 1997 年泰國政府動用外匯儲備保衛泰銖的艱難戰役失敗而不得不讓其貶值的時候，許多人甚至在地圖上找不到這個偏僻小國的位置，但是，風起於青萍之末，幾乎所有的經濟學家都沒有預測到，一場規模浩大的金融危機爆發了。金融危機如颶風一般席捲東南亞各國，然後順勢北上，在 1998 年波及剛剛加入 OECD（經濟合作與發展組織）的韓國。這場金融危機的波及範圍甚至到了南非和俄國。到了 20 世紀 90 年代中期，特別是亞洲金融危機爆發以來，發達國家的金融監管當局十分重視風險評測模型的開發，利用金融工程方法和統計分析方法、人工智能技術、神經網路技術等，開發各種風險評測模型，對金融機構的各類

風險進行分析、預警和預測。互聯網出現後，信息的傳播速度加快，信息量增大，知識爆炸。信息的爆發性帶來經濟風險壓力。財富的爆發式增長，企業和個人財富迅速累積。這些爆發性在社會管理、商業組織和思想沒有及時跟上的情況下，有可能造成商業週期的斷裂、產業成長週期的斷裂和社會關係的斷裂，引起社會經濟的不安全。個別發達國家可能將網路霸權、信息霸權和原有的資本霸權、技術霸權結合在一起，謀求帝國霸權。也有微觀上的金融風險隱患，如信息失真風險、知識產權風險、管理失效風險、技術風險等。

## 8.4 網路金融監管的複雜性

網路金融所借助的互聯網技術的複雜性、高速發展的特點及其產生的特殊風險，使得網路金融監管更加複雜化，監管的難度更大，挑戰更多。

### 8.4.1 網路金融的虛擬性增加了檢查難度

網路金融的虛擬性，使得監管當局對這種虛擬金融交易的合法性檢查存在難度。網路金融機構一般主要通過大量無紙化操作進行交易，不僅無憑證可查，而且一般都設有密碼，使監管當局無法收集到相關資料做進一步的稽核審查。同時，許多金融交易在網路進行，其電子記錄可以不留任何痕跡地加以修改，使確認該交易的過程複雜化。監管當局對金融業務難以核查，造成監管數據不能準確反應金融機構實際經營情況，即一致性遭到破壞。在網路金融條件下，監管當局原有的對傳統金融機構註冊管理的標準也許難以實施，網路金融機構可以註冊一家機構，但它可以通過多個終端，獲得多家分支機構的服務效果。

### 8.4.2 法律缺位問題

一方面，隨著世界經濟一體化的進程，網路金融呈現爆炸式的發展速度；另一方面，世界各國尤其是發展中國家推出網路金融相關法律的步伐上跟不上日新月異的網路金融業務。這一點在中國表現得尤其明顯。儘管中國每年都有與網路金融相關的各種法律出抬，但相比於國外的同類法律和中國迅猛發展的網路金融業務，仍然有較大缺口。多年來中國已經制訂了一些有關網路金融的法規和規範性文件，主要包括《銀行卡業務管理辦法》（1999 年 6 月）、《電子簽名法》（2004 年 8 月）、《電子認證服務管理辦法》（2005 年 2 月）、《電子支付指引（一）》（2005 年 6 月）、《電子銀行業務管理辦法》（2006 年 1 月）、《電子銀行安全評估指引》（2006 年 1 月）、《外資銀行管理條例實施細則》（2006 年 11 月）等，但仍存在不少問題。

中國的網路金融法是由傳統金融法演變而來，較為滯後；缺乏電子票據、網路保險等法律制度；網路金融法針對表層問題多，缺乏深層規範，層級較低。比如，2006 年 3 月 1 日正式施行的《電子銀行業務管理辦法》雖有很大進步，但與新加坡貨幣局 2001 年 7 月發布的《網路銀行業務技術風險管理條例》相比，還不夠詳細、具體，仍

需完善。

《中華人民共和國網路安全法》於 2017 年 6 月 1 日正式實施，明確指出銀行業及金融機構不僅是網路服務的提供者，也是關鍵信息基礎設施的營運者，一方面，突出了金融行業的戰略地位和價值；另一方面，也明確了銀行業及金融機構做好自身網路安全工作的義務和責任。金融行業需要依據《網路安全法》的法律要求，加快落地實施。

### 8.4.3 網路金融機構的跨國界經營帶來了新的挑戰

互聯網使得金融機構可以輕鬆地進入外國市場。雖然傳統的金融機構一直以來也提供跨國金融服務，但互聯網技術增加了各國當局在監管責任上的模糊性。各國對網路金融監管的嚴厲程度不一，究竟是採用東道國的法律來進行監管，還是由母國根據其法律來監管呢？這種情況可能導致對網路金融的跨國活動監管不充分。但是，不管怎樣，有一點是很明確的，如果沒有母國監管當局的合作，東道國要監督或控製網路金融機構在本國的活動是十分困難的，因為它在本國可能不設分支機構，而僅僅通過互聯網來提供服務。

### 8.4.4 網路金融發展對監管機構的技術水平和裝備提出了高要求

網路金融以信息技術為核心，日新月異的信息技術不斷改變金融機構的經營方式和內容，監管機構必須不斷更新其技術和知識，才能跟上這些變化。因此，監管人員必須具有良好的素質，對信息技術和金融知識都需熟練掌握。但是，許多被監管對象總是能借助 Internet 的廣泛性和多樣性找到監管當局一時難以找到解決方案的市場機會和生存環境。此外，由於網路技術的發展，對於銀行（或銀行服務）等的定義越來越模糊，非銀行機構借助網路技術也很容易在網路提供類似銀行等的服務，而未經監管機構的許可或監督，這也增加了監管的難度。

### 8.4.5 對網路金融監管的力度把握同樣較為困難

對網路金融監管的力度應該多大？如果對網路金融實施較嚴格的監管，可以有效地降低網路金融的風險，但是卻可能降低國內金融業的競爭力，造成金融業的衰敗。網路金融機構的競爭力在一定程度上依賴於技術進步和業務創新，過早或過於嚴格的管制都有可能抑制這種創新。同時，網路金融的模糊疆界性和相對較低的轉移成本，使監管也形成了一個競爭性市場，據有關統計研究，網路金融的資金和客戶，都會向「軟」規則的國家（地區）遷移。側重於保護本國的監管政策，會造成社會資源和福利的損失。因此，監管機構在引入新規則和政策時，應注意在保證網路金融安全、可靠運行的同時，不抑制創新和金融機構的競爭力。對網路金融監管中的困難和問題的存在，要求監管當局必須慎重考慮監管的策略和措施，以避免一些不必要的彎路。

## 8.5 網路金融監管的目標與原則

### 8.5.1 網路金融監管的目標

網路金融監管的目標可從宏觀和微觀兩個層面來分析：宏觀上，應通過金融監管確保國家金融秩序的安全，保障貨幣政策的實施；微觀上，要維護金融機構間的適度競爭，並保護存款人、投資者的利益。具體而言，網路金融監管的目標包括以下四個方面。

（1）確保國家金融秩序安全

金融系統是一個龐大的網路，其內部存在千絲萬縷的聯繫，如果一家金融機構遭遇風險，往往會引起連鎖反應，導致一系列金融機構經營困難。所以，金融監管當局的首要目標是維護國家金融體系的安全和穩定，更好地帶動和促進實體經濟的發展。

（2）保障貨幣政策的實施

當今各國普遍採用貨幣政策進行宏觀調控，作為貨幣政策的實施主體，中央銀行實施公開市場操作、存款準備金和再貼現率調整都要以銀行金融業為載體。因此，網路金融監管當局應通過外部監管，使得電子貨幣的發行能夠及時準確地傳導和執行中央銀行貨幣政策的調控意圖和目標，保證貨幣政策的順利執行。

（3）維護金融機構間公平有效的競爭

適度的競爭環境既可以保持網路金融機構整體上的經營活力，又可以避免惡性競爭導致金融機構經營失敗而破產倒閉，影響國家經濟安全。為此，金融監管當局應致力於創造一個公平、高效、有序的競爭環境。

（4）保護存款人及投資者利益

金融監管當局應從技術監管和經濟監管兩方面雙管齊下，維護網路金融運行安全，保護存款人及其他投資者的權益。

### 8.5.2 網路金融監管的原則

要實現上述目標，網路金融監管還應遵循一些基本原則，主要包括依法監管、動態調整、安全穩健與經濟效益相結合、自我約束與外部強制相結合以及適度競爭等原則。

（1）依法監管原則

依法監管指金融監管當局的監管目標、政策制定及實施應以法律為依據，堅持監管的合法性、權威性、嚴肅性、強制性和一致性，依法對網路金融機構履行領導、管理、協調、監督和稽核等職能，規範金融活動各主體的權利、義務和行為準則，從而確保金融監管的積極性、有效性。

（2）動態調整原則

金融監管應與網路金融業的發展保持同步，以免成為金融業發展的羈絆。金融監

管當局一方面應盡快對不適應金融發展形勢的規則進行修訂，避免壓制金融創新的積極性；另一方面還應具備一定的前瞻性，在把握金融市場走向和市場結構演變趨勢的基礎上調整監管政策，縮短監管的政策時滯，提高監管的事前性和先驗性。

（3）安全穩健與經濟效益相結合原則

為維護國家金融安全，金融監管當局所制定的金融監管法律、法規和相關政策應在宏觀上有助於防範和化解金融風險，保障金融系統的安全穩健；同時也著眼於為各類金融機構的穩健經營和金融市場的有序運作提供完善的服務，優化金融環境，實現網路金融風險防範與效益提升兩者間的協調發展。

（4）自我約束與外部強制相結合原則

金融監管當局與監管對象之間存在著信息不對稱。一方面，如果金融監管當局放棄外部強制監管，則金融機構出於內在的逐利天性，容易產生逆向選擇和道德風險行為，難以實現自我約束，從而滋生和積聚金融風險；另一方面，如果僅靠金融監管當局實施外部強制干預和監管，作為被監管對象的網路金融機構完全可以利用信息不對稱來逃避和對抗監管，從而加大金融監管的難度，影響監管的效果。因此只有將金融機構的自我約束和外部強制監管兩者有機結合才可能收到較為理想的效果。

（5）適度競爭原則

金融業一方面具有規模經濟和範圍經濟效應，存在自然壟斷傾向；另一方面，在網路金融背景下，軟件技術公司和網路服務供應商等非金融機構通過各種方式積極進入網路金融領域，有可能出現過度競爭和破壞性競爭。因此，金融監管當局應通過外部監管來創造和維護一個適度競爭的環境，既避免網路金融業出現高度壟斷的局面，保持金融系統的活力與效率，又防止出現惡性競爭而影響金融系統的安全和穩定。

## 8.6　網路金融監管的內容與措施

### 8.6.1　網路金融監管的內容

對網路金融的監管可以分為兩個大的方面，一是針對網路金融機構提供的網路金融服務進行監管；二是針對網路金融對國家金融安全和其他管理領域形成的影響進行監管。鑒於網路金融的特殊性，對其的監管目前應主要體現在帶有全局性的問題上。

#### 8.6.1.1　對網路金融的服務程式和真實性的監管

實際上，網路金融機構可以更準確地被定義為一種先進的網路金融服務系統，對該系統中金融服務的確切性、真實性、合規性的監管應是網路金融監管的重點。首先，網路金融機構的業務應符合國家的金融政策，尤其是要控製網路金融機構利用其相對於傳統金融服務方式的低成本優勢進行不正當競爭。其次，對於網路金融機構提供的各項金融服務，因各金融機構間發展特色及側重點各異，在相似名義下的金融服務內容，尤其是使用該項服務的用戶若接受不同的協議，必將造成整個服務提供的混亂。因此，應形成一套規範化的「行業服務規範」，對在線支付、網路保險、網路證券交易

等各種網路金融服務進行條例式的規定。網路金融的優勢之一在於將服務的空間範圍極大地擴展而吸引客戶。那麼服務標準的制定則是整合網路金融資源的基礎。這些標準的制定應由最高監管機構負責，同時賦予這些標準以強制性色彩。就服務的真實性監管而言，應當建立網路金融交易確認系統。對於每一筆網路金融業務，用戶有權利提出交易確認。

#### 8.6.1.2 對網路金融系統安全的監管

網路金融發展最關鍵的因素是安全問題，如何確保交易安全是網路金融發展的關鍵。強制要求網路金融機構採取防火牆、虛擬保險箱和其他加密技術來保護自己並保護客戶利益不受損害是極其必要的。監管當局應成立專門的技術委員會對網路金融的系統安全進行資格認證和日常監管，對網路金融機構的系統分佈安全提出監管規範，要求其按任務要求，層層設牆，分級授權。從整個網路安全運作的高度，從每個安全環節入手實施網路安全的控製和管理，結合網路防病毒一併考慮，進行網路實時、動態測試，在不斷遭受攻擊或意外事故的同時讓網路防護措施不斷加強。

應該意識到，對網路金融的系統安全監管始終是有限的，網路失敗的可能性客觀存在，因此，從政策上規定網路金融機構的風險責任分攤機制同樣極具現實意義。對網路金融而言，有的損失比較容易分攤責任，有的則很困難，如人力不可抗拒的災害事件、黑客入侵等造成的損失。從長遠發展看，監管者應讓網路金融機構承擔大部分此類風險，以迫使金融機構不以高度技術化的系統安全為借口損害客戶利益。

#### 8.6.1.3 對消費者的權益進行監管

面對網路金融，消費者和顧客處於一個信息不對稱的被動地位，與網路金融機構相比，消費者是網路技術背景下的弱勢群體。除了消費者應注意加強自身風險意識外，風險控制的主動權很大程度上取決於監管者和網路金融服務的提供者。

應當避免網路金融機構利用自身的隱蔽行動優勢向消費者推銷不合格的服務或低質量高風險的金融產品，損害消費者利益。網路金融機構對客戶資料和帳戶交易資料有保密的義務，未經客戶許可或特定執法機關執法要求，金融機構不可以將客戶資料向第三方提供。此外，還應當考慮與網路金融高技術服務特點相應的責任。由於網路金融服務隱含了對高效率時間利用和使用便捷的承諾，客戶通過網路金融完成金融交易時責任一方對損害的賠償不僅應包括對市場交易直接成本的賠償，還應包括對市場交易效率成本的合理賠償。比如，消費者接受網路銀行業務和參與電子貨幣行為的動機在於其便利和效率，如果因為網路銀行人為或技術的原因，喪失應有的便利性，不能及時獲得流動性、不能按預期的高效率實現支付結算功能等，那麼除了由此造成的直接損失外，對間接損失也應該適當考慮由事先承諾提供這些便利的金融機構來承擔。

#### 8.6.1.4 對利用網路金融方式進行犯罪的監管

網路金融及電子商務的特點在於用戶的分散、隱匿，向開戶帳戶鍵入一串代碼，就可享受各式金融服務，資本也可實現跨國流動。這就為網路「洗錢」、公款私存、偷稅漏稅等犯罪活動提供了便利。基於網路金融的飛速發展，犯罪分子無疑會進行充分

的「網路犯罪創新」，各國中央銀行及早防範並進行監管是整個網路安全健康發展的重要一環。為防範網路金融犯罪，中央銀行可以通過立法，並建立自身的數字認證中心，以簽發代表網路主體身分的「網路身分證」，來對參與網路金融交易的企業和個人進行識別，以加強對進入網路系統的資金來源和流向的合法性審核。

#### 8.6.1.5　對網路金融跨境金融服務的監管

網路使人們的生活打破了國界，在全球範圍內自由地傳遞信息和思想。而網路金融機構實質上更是覆蓋全球的、容納較多金融服務的虛擬金融機構，理論上它可以實現任何地點、任何時間、對任何客戶提供任何金融服務的要求。網路金融機構的金融服務只需要具備當地服務器，就可以將本國網路金融服務實現跨國提供。這對那些沒有放寬金融服務外資准入的國家提出了阻斷這種服務的要求，這也是一國外匯管理的根本前提。

中央銀行應該明確規定，對網路金融機構的金融服務進行服務種類的阻斷，只允許其提供符合金融分業監管的特定業務；也應對網路金融服務進行服務地域的阻斷，只允許其提供覆蓋本國允許對外的地域的金融服務。如有可能，應要求網路金融機構提供全球並帳運作資料，而不僅僅是東道國分支機構資料，才能全面監管網路金融機構在本國和全球的金融活動。

除此之外，跨境業務涉及「洗錢」、走私、轉移國有資產等問題。因此，對網路金融跨境業務的監管是與大多數國家當前的金融監管水平、外匯制度等相適應的。

#### 8.6.1.6　對網路金融的市場準入和市場退出的監管

傳統金融業是一種實行許可證制度的特殊行業，而在以金融自由化、網路化、全球化為特徵的網路金融時代，金融業生存的環境將大大改變。由於網路金融降低了市場進入成本，削弱了現有傳統金融機構所享有的競爭優勢，擴大了競爭所能達到的廣度和深度。這種相對公平的競爭可能會吸引非金融機構和高科技公司分享這片市場，提供多種金融產品和服務。解決眾多的機構提供網路金融服務的市場准入問題要從准入標準、註冊制度、地域界定、業務範圍等方面確立起相應的准入制度。

網路信息傳播速度快、範圍廣，使網路金融機構易受突發事件的影響，並有可能導致經營失敗。網路經濟的低可變成本、累積效應、先發優勢等特點，使將來的網路金融市場必然是幾家高流量的網站主導的市場，一些網路金融機構也不得不放棄或退出這一領域。與傳統金融機構不同，網路金融機構的市場退出，不僅涉及存貸款等金融資產的損失或轉移，同時多年累積的客戶交易資料、消費信息、個人理財方式、定制資訊等，也面臨著重新整理、分類和轉移的要求。當出現意外時，極有可能面臨損失。由此，對網路金融市場退出的監管也應引起格外重視。

### 8.6.2　網路金融監管的措施

根據上文所列出的網路金融監管六大方面的內容，各國政府在應對網路金融風險時可以採取相應的六項監管措施。

#### 8.6.2.1 加強網路金融的政策法律建設

法律體系的真空是目前各國政府對網路金融缺乏足夠管理能力的根本原因之一。互聯網和電子商務已經發展多年，但世界各國至今沒有制定有關互聯網的完整的法律體系。儘管目前聯合國國際貿易法委員會已經完成了示範電子商務法的制定工作，意在建立統一、通用的電子商務規則。但它本身並不是法律，只是作為一個示例，希望各主要國家將這樣的規則納入自己國家的法律體系中。網路金融涉及的法律總是十分複雜廣泛，涵蓋電子合同的法律有效性、知識產權保護、個人隱私權保護和安全保證等方面。考慮到網路金融的特點，在具體制定網路金融法律、法規時，應特別注意市場准入、電子簽名合法性、交易證據問題及責任明確等方面的規則。

#### 8.6.2.2 健全非現場監管體系

在網路金融面前，現行金融監管體系中的現場監管的效力相對弱化。網路金融服務的發展、金融交易的虛擬化使金融活動失去了時間和地域的限制，交易對象變得難以明確，交易時間和速度加快，現場檢查的難度將會加大，非現場檢查愈加顯示出其重要作用。

非現場監管具有覆蓋面寬、連續性強的特點，通過非現場監管有利於發現新問題、新情況和對現場檢查的重點提出參考意見；有利於信息的收集，並對金融機構的潛在問題提出預測、預警。非現場監管的特點將使其成為網路金融環境中的一種有效的監管方式。為此，金融監管當局要逐步從現場稽核監管為主轉到以現場稽核監管和非現場稽核監管相結合，並以非現場稽核監管為主的軌道上來，拓寬非現場稽核的檢查面，縮短檢查週期，把事後稽核監管轉變為事前稽核監管，為現場監管提供預警信號。在具體措施上，需要實現金融機構的業務信息系統與監管當局監測系統的聯網，使報表格式統一化和數據轉換接口標準化，建立科學的監控指標體系，由計算機將大量的金融業務數據進行自動分析，綜合評估金融機構內部業務發展的風險狀況，以達到非現場稽核監管高效準確的目的。

#### 8.6.2.3 嚴格規範網路金融的訊息披露要求

由於金融機構在網路金融交易中處於主導地位，掌握金融交易的記錄，消費者和客戶處於一個明顯的信息不對稱的被動地位。同傳統金融機構的信息披露相比，對網路金融的信息披露要求應當更加嚴格，特別要強調其信息披露的公開性。網路金融機構應及時向社會公眾發布其經營活動和財務狀況的有關信息，良好的信息披露制度可以促使投資者和存款人對其運作狀況進行充分的瞭解，影響他們的投資和存款行為，發揮社會公眾對網路金融機構的監督制約作用，促使其穩健經營和控製風險。總之，Internet 上的虛擬金融服務需要有不斷創新的信息披露方法來維持有效的信息監管。

#### 8.6.2.4 確立權威、統一的監管主體

在網路金融條件下，金融監管主體由多主體向統一主體轉變，統一進行監管也將成為一種自然的要求。由於不同類型的金融機構在開展網路金融業務方面存在相互交叉，一些業務按傳統的方法很難劃定其所屬的業務類型。在這種情況下，多個監管主

體的模式，要麼形成監管重複，要麼造成監管真空，同時也將加大被監管者和社會公眾的交易成本。統一的監管主體不僅可以提供一個公平一致的監管環境，使被監管者避免不同監管機構間的意見分歧和信息要求上的不一致，而且使公眾在與金融機構發生糾紛時，有明確的訴求對象。在統一的監管主體下，監管客體也由僅包括金融機構，擴展到同時涵蓋一些提供資訊服務的非金融機構。網路金融和電子貨幣的發展，使得一些非金融機構開始提供諸如支付仲介、投資理財顧問等金融或準金融業務，從而使金融監管的範圍隨之擴大。監管的重點，由資產負債和流動性管理轉向金融交易的安全性和客戶信息的保護。對於網路金融業務來說，金融交易信息傳輸和保存的安全性、客戶個人信息和財務信息的安全性，自然成為監管者應首要考慮的問題。

#### 8.6.2.5 建立統一的金融認證中心

電子商務活動中，為保證交易、支付活動的真實可靠，需要有一種機制來驗證活動中各方的真實身分。目前，最有效的方式是由權威的認證機構為參與電子商務的各方發放證書。金融認證中心是為了保證金融交易活動而設立的認證機構，其主要作用是對金融活動的個人、單位和事件進行認證，保證金融活動的安全性。

金融認證中心扮演著金融交易雙方簽約、履約的監督管理角色，交易雙方有義務接受認證中心的監督管理。在整個網路金融服務過程中，認證機構有著不可取代的地位和作用。在網路金融交易過程中，認證機構是提供身分驗證的第三方機構，它不僅要對網路金融交易雙方負責，還要對整個網路金融的交易秩序負責。因此這是一個十分重要的機構。

在中國，中國人民銀行已聯合13家金融機構成立了中國金融認證中心（簡稱CFCA），並於2000年4月投入使用。到2005年6月30日止，CFCA已和十餘家全國性商業銀行、近20家券商建成覆蓋全國的認證服務體系，業務領域已延伸至銀行、證券、稅務、保險、企業集團、政府機構、電子商務平臺等金融和非金融行業。關於CFCA更多相關知識，可以參看中國金融認證中心網站的相關內容。

#### 8.6.2.6 加強網路金融監管的國際合作與協調

從根本上說，網路經濟的實質是信息化、全球化和一體化，隨著網路在世界範圍內的延伸，從長遠來看，各國監管當局都將面臨跨國性的業務和客戶，金融監管的國際性協調日益重要。它要求管理當局不僅要盡可能避免金融資產的價格扭曲，還要放鬆對利率、匯率的管制，更重要的是建立與國際體系中其他金融體制相適應的新規則和合乎國際標準的市場基礎設施。網路經濟條件下金融業務發展將全球一體化，金融監管也將走向全球一體化，未來的金融監管必須由各國通力合作才能完成。

## 延伸閱讀：餘額寶與傳統銀行真正競爭或許剛剛開始

中歐國際工商學院　芮萌、沈紹偉 2017-08-15

含著「金湯匙」出生的餘額寶，甫一亮相就光芒四射——在2013年6月份「錢緊」的歲月裡，餘額寶7日年化收益率曾接近7%，幾乎一戰成名！截至2017年6月

30 日，天弘餘額寶基金規模達到了 1.43 萬億元，甚至超過了一些股份制銀行 2016 年年底的個人活期和定期存款總額。

餘額寶究竟是銀行的大敵，會在未來取而代之？還是攪動了金融行業的一池春水，激發了金融市場的活力？在很多金融行業人士看來，其實真正的競爭才剛剛開始……

餘額寶的出現推動了傳統銀行變革和發展

在餘額寶出現之前，利率市場化的改革可以用「緩慢」二字來形容，原因就在於這樣的改革會動了傳統銀行的奶酪，所以遭遇極大的阻力。從 1993 年提出「利率市場化」，到開始真正邁出利率市場化的一小步，花費了整整十年的時間。

2004 年，央行取消了存款利率浮動區間下限和貸款利率浮動區間上限，但這次的改革意義並不大，因為這是有利於傳統銀行的。說得直白一些，就是銀行可以調低儲戶的存款利率，也可以提高借貸者的貸款利率，事實上這也是傳統銀行一直最想做的事情。

對於利率市場化改革的核心內容，即存款利率浮動空間上限和貸款利率浮動區間下限，又等了將近十年。2012 年，存款利率浮動區間上限調至 1.1 倍，貸款利率浮動區間下限調至 0.8 倍。

其實老百姓對此也沒怎麼在意，因為錢只能存在銀行，各家銀行的存款利率都區別不大，都很低，誰也不願意為了賺取基準利率的 10% 浮動利率折騰半天。因此儘管政策出來了，卻沒有幾家銀行利率先往上浮動 10%。

關鍵的問題是，如果按照這樣的速度，那麼下一次利率市場化改革實際動作又不知道得等幾年。可是誰都沒有想到，2013 年 6 月，餘額寶橫空出世了……

剛一面世，餘額寶的 7 日年化收益率一度接近 7%，幾乎秒殺了所有銀行存款利率。用劉慈欣獲獎小說《三體》裡流行的一句話來說，那就是三維打二維，完全不是在同一個維度裡面的競爭！

老百姓似乎在一夜之間醒悟了，原來除了銀行以外，還可以把錢放在餘額寶，收益還是銀行存款利率的好幾倍——這樣的誘惑力是很難抵擋得住的，於是很自然地，出現了存款「搬家」。

餘額寶出現半年後，也就是 2014 年 2 月份春節過後，銀行居民活期存款同比少增 6706 億元，而以餘額寶為代表的貨幣基金同比規模增長了近 1 萬億元。要知道，往年的這個時間點基本都是傳統銀行第一季度「旺季行銷」攬存的大好時機。這在過去，是從來沒有出現過的。

傳統銀行突然發現，它們最大的競爭對手不再是彼此，而是餘額寶了。如果再不放開存款利率浮動區間，那麼傳統銀行很可能只有坐以待斃了。

在這樣的情況下，利率市場化的改革進程大幅加快。餘額寶出現之前，利率市場化口號提了十多年，可只邁出一兩小步，而到餘額寶出現之後，利率市場化幾乎是「大步快跑」——在餘額寶出現短短的兩年時間之內，就放開了一年期以上的定存上限。這樣的改革進度在以前是不可想像的。

所以，餘額寶的出現雖然給傳統銀行帶來了陣痛，但是也推動了「利率市場化」改革和銀行的創新和發展。從這個角度而言，餘額寶就像一條鮎魚，攪動金融行業的

一池春水，讓金融行業煥發出更強的生命力。

餘額寶給傳統銀行儲蓄業務帶來的主要挑戰有兩個：其一間接提高了銀行吸收存款的成本。餘額寶的高收益率喚醒了老百姓的投資理財意識，他們不再被動地把錢存在銀行裡，從而造成銀行自然儲戶的流失。銀行為了吸引這些客戶，就不得不推出理財產品，這些理財產品變相提高了銀行吸收存款的成本。

其二是客戶的流失，尤其是年輕客戶。餘額寶可以提供很多傳統銀行提供的金融服務，比如銀行轉帳、還信用卡、消費支付甚至購買基金保險等金融產品，那麼很多客戶對餘額寶形成黏度之後，就會不再使用銀行的服務。未來，如果餘額寶占據了客戶金融服務的入口，客戶在餘額寶可以得到一站式的金融服務，將會加劇銀行客戶的流失。

餘額寶與傳統銀行之間是否可能相互促進

從餘額寶資金流向來看，2017 年一季度約 64% 的資金流向銀行存款和結算備付金。既然大半的餘額寶資金還是流回到了銀行體系，那麼是否可以認為「寶寶」類產品和銀行之間會有可能互相促進呢？

這樣的結果當然是最理想的狀態，但在短期之內，相互促進各自業務發展的良好願望可能還比較難實現。

雖然有 64% 的餘額寶資金流向銀行存款和結算備付金，但這些回流到銀行的資金可不是按照普通存款客戶的利息來計算的（活期利息 0.35%，一年期 1.5%），而是基本按照同業存款利率來算。其實只要簡單算一下就明白了，如果按照活期利率來算，64% 餘額寶資金存款利率不到 1%，那麼餘額寶的收益如何達到 7 日年化收益 4% 左右呢？

只需要簡單對照一下上海銀行同業拆借利率（Shibor）就能看出，銀行需要付給餘額寶的利息並不低。對於銀行而言，與餘額寶之間的合作就是機構和機構之間的合作。本來這些資金如果沒有去餘額寶，都會按照比較低的成本被銀行作為存款吸收走的，相當於客戶先把錢放餘額寶，然後餘額寶再去銀行談存款價格，銀行給的利率高，餘額寶收益就高，客戶也能得到更多收益，然後就有更多客戶會去餘額寶。

當然，從中長期來看，餘額寶和銀行還是有相互促進和合作的機會的，那就是餘額寶培養了客戶的投資理財意識，而投資理財是銀行個金零售業務的強項，尤其是中高端投資類客戶群體還是信賴銀行的。我們從餘額寶個人持有最高額度下調到 10 萬元就能看出來，大部分餘額寶的客戶是屬於中低端客戶群體。

餘額寶喚醒了全民的理財意識，而投資理財是需要持續跟進和服務的，尤其是中高風險類的金融產品比如股票型基金，波動很大，如果沒有持續的服務和跟進，那麼客戶的黏度就會很低，這是餘額寶現在面臨的最大的問題，反過來也是銀行業的機會所在。

餘額寶的成功得益於支付寶和淘寶網多年的累積，同時支付寶對餘額寶不遺餘力的補貼，也保證了良好的收益率和客戶體驗。

那麼，餘額寶的增長到底會不會有天花板呢？這要從兩個角度加以分析：

其一是費用和補貼的角度。餘額寶出現伊始，支付寶在 2013 年四季度對餘額寶交易手續費、基金託管費、銷售服務費等方面的補貼，據業內估算合計可能達到 5 億元左右。假設這樣的補貼政策不變，那麼當餘額寶規模接近 1 萬億元的時候，會對支付

寶造成 50 億左右的財務負擔，這是不可持續的。

果然，在餘額寶規模破萬億的時候，螞蟻金服開始引入其他貨幣基金，對餘額寶形成競爭和分流，其實背後或許也有著為了降低支付寶財務壓力的考慮。

第二個角度是風險。餘額寶最大的風險來自其流動性風險，期限管理和流動性安排是貨幣基金投資管理的核心內容。貨幣基金作為現金管理費工具，經常要面對大量資金的流入和流出，特別是在節日和季末等特殊時點，資金單邊流動往往較為劇烈，甚至出現大型貨幣基金遭遇大額贖回等極端情況，引起市場恐慌。基於此，對大規模貨幣基金流動性管理將成為餘額寶是否能夠繼續健康成長的關鍵所在。

「寶寶們」與銀行業真正的競爭才剛剛開始

在經歷過餘額寶所帶來的利率市場化和儲戶流失的陣痛之後，很多銀行從業者突然驚喜地發現，餘額寶培育了大量的投資理財類客戶！

本來對於銀行而言，把一個普通的儲蓄客戶培育成基金投資客戶，需要花費大量的時間和精力，而且還需要市場行情的配合。歷屆監管部門的領導和很多銀行行長也一直呼籲老百姓投資偏股型基金，收益並不比投資房地產低，可是客戶卻視而不見、充耳不聞，依舊把錢存起來。

但餘額寶只用短短幾年時間，就讓 3 億普通的儲蓄客戶接受了基金的投資品種，這是很多銀行始料未及的，連餘額寶自己都沒有認識到它無形之中為金融業做了一件多大的好事。

餘額寶把投資理財客戶的蓄水池迅速擴大了。而未來，餘額寶和銀行的競爭就在於如何把池中的 3 億客戶繼續培育引導進行資產配置。別忘了，餘額寶的客戶也都是銀行的客戶，因為儲戶要投資餘額寶就要綁定銀行卡——你投資餘額寶時，銀行都是知道的。

試想一下，這 3 億的餘額寶客戶都是中青年投資理財客戶，其風險偏好較高，而且未來增長潛力無限，哪怕這 3 億客戶中只有 30% 培育成功，那麼也有將近 1 億的客戶進行資產配置，有可能為整個資產管理行業帶來幾千億元的資金增量。

而到了那個時候，才是餘額寶和傳統銀行真正競爭的開始。

餘額寶花了那麼大的精力和金錢，自然不甘心客戶被銀行挖走。可是，餘額寶畢竟是金融行業的新軍，在人才儲備和專業能力上與傳統銀行業有著一定的差距，也不大可能像傳統銀行有那麼多專職的理財經理服務客戶。

也許有很多投資者已經想到了，人工智能投顧一定是餘額寶未來的發展方向。但這一次出乎餘額寶的意料，也讓很多人跌落眼鏡的是——竟然讓傳統銀行搶先推出了智能投顧的產品……

未來在金融領域，基金經理們和人工智能量化投資的對決才剛剛開始。在人工智能的大背景下，所有的金融從業者都開始對 3 億餘額寶培育起來的投資理財客戶虎視眈眈，傳統銀行已經開始行動，餘額寶等「寶寶們」勢必會極力跟上。餘額寶和傳統銀行新一輪的真正競爭，或許才剛剛開始。

（本文由中歐國際工商學院金融與會計學教授芮萌與中歐財富管理研究中心沈紹偉聯合撰寫）

# 第 9 章　網路金融行銷

## 9.1　網路金融產品行銷

### 9.1.1　網路金融產品行銷的內涵

　　網路金融產品行銷是指網路金融機構以市場為導向，通過有效行銷手段的組合，以可盈利的金融產品和服務滿足客戶的要求，實現其盈利目標的一種管理活動。

　　網路金融產品行銷是一個動態過程，它以滿足客戶現實需求和潛在需求為目的。網路金融產品行銷的方法主要是行銷手段的組合，具體包括：網路金融產品和服務的開發、調研、信息溝通、分銷、定價以及業務活動等，並使它們相互作用，以最協調的狀態來滿足客戶的需要，從而實現網路金融企業的盈利目標。網路金融處於國民經濟的樞紐地位，所以，其利益目標的定位在考慮自身盈利目標的同時，還應統籌兼顧國家和社會的長遠利益。

　　網路金融產品行銷的程序為：市場調研、行銷分析、市場目標擇定、組合行銷策略、組織和控製行銷過程。

### 9.1.2　網路金融產品行銷分析

#### 9.1.2.1　網路金融產品行銷環境

　　互聯網的市場行銷環境和現實的市場行銷環境共同構成了網路金融產品行銷活動的二元環境，現實的市場行銷環境分為宏觀環境和微觀環境，宏觀環境包括經濟環境、政治法律環境、人口環境、文化環境和技術環境；而微觀環境包括網路金融企業的客戶、社會公眾和同業競爭對手等。

#### 9.1.2.2　網路金融產品行銷調研和市場預測

　　網路金融產品市場行銷研究是指網路金融企業通過系統收集、分析有關客戶需求和金融產品信息，並據此確認、界定網路金融產品行銷機會，決定、改進和評估網路金融產品行銷行為，控製網路金融產品行銷績效的活動。

　　網路金融產品市場行銷研究的範圍主要包括：網路金融發展趨勢研究，即短期預測、長期預測、國內市場和國際市場的潛在需要量和市場佔有率分析；網路金融產品研究，即新金融產品的開發研究、現有金融產品的縱深研究、同業競爭者產品的比較研究；網路金融產品價格研究，即利率分析、利潤分析、利率彈性分析、需求分析和

同業競爭者產品的利率分析；網路金融產品行銷渠道分析，即行銷渠道業績分析、網路渠道分析、地區渠道分佈分析和國際行銷渠道分析；網路金融產品促銷分析，即儲戶動機分析、媒體分析。

網路金融產品市場調研的途徑可概括為：①通過利用電子郵件或來客登記簿詢問訪問者進行調研；②通過免費服務要求訪問者註冊；③對訪問者提供物質獎勵；④在網路金融企業站點上進行市場調研。

網路金融企業市場預測包括金融市場供求預測、金融產品供求預測和金融產品價格預測等。其中，網路金融產品價格在現實經濟生活中表現為利率、有價證券價格和費用等形式。網路金融產品需求預測是指在一定時期和一定區域內，客戶對某種網路金融產品的需求量。這個需求量也表現為客戶群體對本網路金融產品的購買總數量。

### 9.1.2.3　網路金融產品的市場定位

要研究網路金融產品的市場定位，首先就需要研究網路產品的市場細分。網路金融產品市場細分是指網路金融企業把整個金融市場的客戶，按一個或幾個標準因素加以區分，使區分後的各客戶群體帶有相同的需求傾向特徵的行為。網路金融市場細分的標準是指影響客戶需求，並使需求產生差異性的諸因素，其主要有地理因素、人口因素和心理因素等。一個理想的網路金融細分市場可依據一個因素確定，也可以依據一組因素共同確定。

網路金融市場細分的原則：確定性，即指細分出來的網路金融市場所具有的共同特徵、類似行業和明晰的市場範圍等有關資料，網路金融企業根據這些資料，可將細分後的市場進行一定的評價界定；可行性，即指網路金融企業目標市場的獲利性及其開發的程度；有效性，即指不同的細分市場，對銀行採用不同市場策略組合所具有的不同反應程度；穩定性，網路金融市場細分必須在一定時期內保持相對穩定，以便金融企業制定較長期的市場策略。

在市場細分後，網路金融企業需要進行目標市場定位。網路金融企業進行目標市場定位的第一項工作是要對細分市場進行評價和分析，根據評價盈利潛量原則，對各個金融細分市場的規模、增長率、細分市場結構吸引力、網路金融企業經營目標以及網路金融企業所具有的資金源進行評價分析，然後確定出最適宜作為網路金融企業目標市場的細分市場。

### 9.1.2.4　網路金融企業產品行銷戰略

網路金融企業的行銷戰略是指網路金融企業運用科學的理論和方法，系統分析主、客觀條件，在獲得大量信息、掌握了市場運作規程和市場機制作用的基礎上，對較長時間內重大的、帶有全局性的、根本性的行銷問題進行運籌和規劃。

網路金融企業行銷戰略制定的基礎包括網路金融企業的外部環境，網路金融企業的內部能力、優勢和劣勢，網路金融企業計劃執行者的才幹，社會對網路金融企業的需求和期望。網路金融企業只有在這四個基礎上做出宏觀分析，才能制定出適合網路金融企業的行銷戰略。

網路金融企業行銷戰略有兩方面的作用，一是有助於網路金融企業實現負債和資

產的優化配置管理，可使網路金融企業的行銷管理達到揚長避短的目的；二是有助於網路金融企業充分利用有效的各種信息，大大提高網路金融企業決策的精確度。

### 9.1.3 網路金融產品的行銷管道開發

#### 9.1.3.1 網路金融產品行銷管道的職能

網路金融產品行銷渠道的基本職能是根據客戶的不同需要，將金融產品進行有效組織和傳送，從而轉換成有意義的產品組合。

#### 9.1.3.2 網路金融產品行銷管道的營運類型

密集型網路行銷渠道策略是指網路金融企業根據自己的能力和社會基礎，廣泛而切實地設立分銷「網點」，使其構成一個網路，提高金融產品和金融服務的銷售量，從而獲得較大利潤。

長短型行銷渠道策略是由長型渠道策略和短型行銷渠道策略組合，其中短型行銷渠道策略是專門針對時空距離較近、客戶較為集中、對金融產品需求量大、品種繁多，並隨時需要進行技術指導和便利型服務的情況而制定的。

交叉選擇型行銷渠道策略。交叉選擇型行銷渠道策略融會了密集型網路行銷渠道策略和長短型行銷渠道策略，並根據區域特點、科技進步程度、客戶特徵、金融產品和金融服務特點、網路金融企業的資金能力等具體情況，有選擇地交叉使用密集型網路行銷渠道策略和長短型行銷渠道策略，集各種行銷渠道的優勢，進行行銷。

專營型行銷渠道策略是指網路金融企業設立專門行銷的單獨渠道，經營特定的金融產品和金融服務的策略。

推拉型行銷渠道策略。推拉型行銷渠道策略包括推型行銷渠道策略和拉型行銷渠道策略。其中推型行銷渠道策略是指網路金融企業建立起一支專門的行銷隊伍、密集的網路、錯落有致的長短型渠道，具有較強的資信能力，在推銷新產品時適用的策略。拉型行銷渠道策略是指網路金融企業利用大量的、廣泛的、有影響的宣傳工具和網路廣告來激發客戶對金融產品和金融服務的興趣，引起客戶的需求，從而擴大金融產品和金融服務的銷售策略。

#### 9.1.3.3 網路金融產品行銷管道選擇

網路金融產品行銷渠道的選擇是網路金融產品行銷活動和占領市場的內核基礎，在理論上是以經濟學和社會學為依據，來闡明行銷活動在時間和空間上的分配；在行銷上，渠道選擇是以保證預期經營目標的實現為依據。在市場競爭日益激烈的條件下，網路金融企業的行銷渠道選擇不僅限於數量規模的選擇，地點和空間的選擇也十分重要。

影響網路金融產品行銷渠道選擇的因素包括：網路金融產品的特徵，網路金融市場因素和客戶特徵，網路金融企業的規模、信息、科技因素，網路金融產品行銷技術水平，網路金融產品現有行銷渠道的可用性，政策因素，等等。總之，具體影響網路金融產品行銷渠道選擇的因素涉及社會發展的方方面面，它不僅涉及地理便利因素、

經濟發展水平、科技發展水平，還涉及金融意識、金融理念和網路意識等因素。

## 9.2 網路金融服務行銷

網路金融服務是指金融機構借助聯機網路、電腦通信和數字交互式媒體為客戶提供的金融服務。以 Internet 為基礎的網路金融的發展正在對傳統金融服務業產生巨大的衝擊與影響，同時使金融服務市場發生著革命性變化，金融服務開始進入借助聯機網路、電腦通信和數字交互式媒體來實現行銷目標的網路行銷時代。

### 9.2.1 網路金融服務行銷的要素特徵

#### 9.2.1.1 瞄準能力

金融企業行銷者在購買前識別顧客的能力稱為瞄準能力。許多網站鼓勵訪問者註冊，以使網站的使用率增大，或者是要求訪問者進入獲得區；有些網站甚至要求訪問者註冊。註冊表格一般詢問一些基本信息，如姓名、電子信箱地址和職業等，從這些表格中，行銷者能夠形成用戶輪廓，進而強化行銷活動。行銷人員還通過調查更深入地瞭解進入他們網站的人們的情況，並提供獎金鼓勵參與。

瞄準能力代表著行銷概念的最終表達。通過網路，行銷人員獲得了單個顧客的情況，它們能夠將行銷組合更準確地瞄準興趣較窄的顧客。瞄準能力也容易跟蹤網站訪問者和在線購買活動，這使行銷人員容易累積單個顧客的數據，強化將來的行銷努力。例如，亞馬遜儲存了顧客購買的數據，並利用這些信息在顧客下次訪問網站時進行產品推薦。

#### 9.2.1.2 交互性

網路金融行銷的另一個顯著的特徵是交互性。它使顧客直接向公司表達他們的需求和願望，經此作為對公司的行銷溝通的反應。這意味著行銷人員能夠與潛在的顧客進行實時（或近乎實時）的交互活動。當然，銷售人員一直在做這件事，但成本卻高得多。網路具有行銷代表在場的優勢，但其覆蓋面更大，成本更低。

交互性意味著一家金融企業的顧客也可以與其他顧客（和非顧客）進行溝通。因此，行銷人員和他們的顧客擁有的信息在數量和種類上都與過去不同。通過提供信息、概念和其他顧客溝通的環境，行銷人員可以強化個人的興趣以及介入其產品的程度。交互性使行銷人員利用社區（Community）的概念幫助顧客從金融企業的服務和網站上獲得價值。

#### 9.2.1.3 記憶

記憶是指金融企業利用包含單個顧客特徵和購買歷史的數據庫或數據倉庫的能力，以及利用這些數據實時定制對一個具體顧客的行銷方式。儘管金融企業擁有數據已經多年，但直到最近，數據庫中的信息才能被行銷人員所獲取。目前的軟件技術使行

人員能識別和儲存具體的顧客信息，以此來定制他們的服務能力，為這位顧客提供價值。把記憶應用到大量的顧客表明金融企業的一種巨大優勢，利用它在顧客每次訪問網站時可以掌握更多有關單個顧客的情況。

#### 9.2.1.4 控製

在網路金融行銷過程中，「控製」一詞的含義是顧客有能力調整他們看到的信息，以及他們看到這些信息的速度和順序。網路有時被認為是「拉動」媒體，因為用戶決定他們在網站上看到的內容；網路金融經營者控製用戶看到的內容和順序的能力受到限制。相反，電視可以被看作是「推動」媒體，因為在觀眾選定一個特定的頻道後，是播放者決定觀眾看到的內容。電視和廣播提供了「有限的內容控製」（除非改換頻道才能改變內容）。有了Internet，顧客控製的程度加大，因為他們只是輕輕一點就能到一個網站。對於網路金融行銷者來說，控製的主要含義是吸引、留住顧客的注意力。因此行銷者必須努力工作，迅速地創建自己的網站，否則，用戶將失去興趣，從而轉向其他網站。

#### 9.2.1.5 獲得能力

互聯網路存在大量的信息，獲得這些信息的能力被稱為獲得能力。由於顧客能夠獲得金融服務產品方面的深層次信息，因此他們更加瞭解金融企業的服務和與以往相比的價值。獲得能力極大地增加了對互聯網用戶注意力的競爭。如果沒有特色鮮明的促銷，那麼要吸引一位訪問者注意一個具體的網站會越來越難。因此，網路金融行銷應更加主動和不斷創新。獲得能力的另一個含義是，可識別的品牌名稱將成為更加重要的競爭武器。消費者無法評價他們在網站上碰到的不斷增加的、大量的、不知名的品牌的質量，因此，他們為了保證質量，會更加願意選擇熟悉的或可識別的品牌。所以，越來越多的金融企業正在努力在網路消費者中構建品牌識別。例如，萬事達國際公司已把注意力從推銷信用卡轉移到為網路購物者提供安全和服務。

#### 9.2.1.6 數字化

數字化是指用數字信息提供一種金融服務產品或者至少是一種服務的一部分利益。數字化意味著金融企業在利用互聯網時，除了可以提高分銷效率外，還可以使一個金融服務產品中可數字化的部分的特徵和服務結合更加迅速，而且費用很低。事實表明，金融服務產品中的數字特徵容易組合，並可與單個顧客的需求相適應。

### 9.2.2 網路金融服務的行銷模式

#### 9.2.2.1 注意力經濟導向的行銷模式

眼球，就是注意力。「注意力經濟」這一概念是由美國邁克·戈德海伯在1997年的一篇著名論文《注意力購買者》（Attention Shoppers）中首先提出來的。在以網路為基礎的虛擬空間和數字化經濟中，對消息的注意力日益成為一種重要的商業資源，所以，面對浩如菸海的消息，網路金融企業如何做到「萬綠叢中一點紅」，如何捕捉消費者的注意力進而培養對自己的忠誠度，這種稀缺資源已成為事關網路金融行銷成敗的

關鍵。

當然，注意力經濟強調的眼球是一種遠期的資產，要想使之變成現實的購買力，仍需要取得客戶長期的、足夠的信任並提供良好的金融服務，否則，它只能是海市蜃樓，可望而不可即，就像不久前中國「網路精英」們玩的那套「空手套白狼」的燒錢、炒概念和免費大餐的把戲一樣，到頭來，反倒將自己懸吊在空中，甚感贏利後勁的不足。

注意力行銷的中心點有4個：點擊率、註冊會員、合作夥伴、廣告收入。整個行銷策劃工作均是圍繞著這4個基本點展開的。它的可取之處在於：它將消費者推到至高無上的地位，並期望通過極個性化的資料庫的建立，以互動的方式，將千百萬消費者的需求匯聚成一個注意力以後，利用這種得天獨厚的消費者資源，進行各種各樣的行銷策劃；重視企業未來預期的判斷和企業現實價值的高估；在線行銷與離線行銷緊密配合等。

但是，注意力行銷很容易讓人將它與浮躁、急功近利聯繫起來，這種行銷模式倘若不與腳踏實地做網站、按企業規律辦事掛勾，若不嚴格按行銷規則進行操作，效果頗令人懷疑。注意力行銷本身是一項非常獨特的行銷創意，大大豐富了現代行銷的理論與實踐。只是，它在網路金融行銷中不應占據主流地位。品牌忠誠度行銷才是網路金融行銷的希望所在。

#### 9.2.2.2　訊息仲介的行銷模式

仲介有很多種，如物流仲介、交易履約保證仲介等，但更多的是信息仲介。在互聯網改造傳統產業的同時，各種傳統形式的信息仲介也將被互聯網所改造。一部分信息仲介將消失，一部分將繼續存在，同時還會出現許多在網路環境下應運而生的新仲介形式。新仲介不僅發揮著直接溝通信息的作用，更重要的是它對信息的整合。這些發揮信息仲介作用的公司將作為消費者信息的監管人、代理人和經紀人，提供一系列仲介和有針對性的行銷服務，而且，在服務多樣化和服務高質化的環境中，信息仲介將降低尋找具有最佳性能價格比服務的交互成本，並成為 Internet 以及總體信息技術蓬勃發展的催化劑。忽略這種趨勢的網路金融企業將使自己處於危險境地。

信息仲介的行銷模式主要包括：

（1）關係行銷：根據客戶的要求判斷市場需求代尋買家。

（2）行銷顧問：幫助客戶根據具體的標準進行有針對性的搜索，確定符合條件的消費者數量，然後將通過預測設計出來的金融服務推向市場；其中包括市場調研、市場預測等。

（3）信息服務：包括信息訂閱、高價值信息分銷、特定信息供應服務、為客戶提供信息諮詢。

（4）支持行銷：以提供服務平臺為中心的後勤、數據處理和通信網路等基礎設施的支持業務。

#### 9.2.2.3　互動行銷模式

網路金融行銷區別於傳統行銷的最顯著的特點是網路的互動性。金融企業可以隨

時隨地與客戶互動式地進行交易，而客戶也可以以一種新的方式與金融企業互動交流。這種交流是雙方的，而非單向的。

目前，利用 Internet 這種新型媒介進行的互動行銷，已經展現出其突破傳統行銷方式的潛力。為了更好地實行網路金融行銷，金融企業要能夠掌握互動式行銷的兩個要點。利用互動媒介進行行銷的首要特點，就是傳遞信息的花費遠比傳統行銷方式低廉得多。這也是互動式行銷吸引眾多金融企業蜂擁而上的一大優點，這對於著重提供大量信息、需要大量行銷人員的金融企業來說，互動媒介無疑是威力強大而又經濟的工具。

消費者是否有主動查詢信息的動機，將是互動式能否有效發揮其潛力的關鍵性因素。在消費者搜尋信息動機強烈的市場中，互動式媒介是強有力的行銷工具，其力量超過傳統網點等傳統行銷方式。如果金融企業能夠通過互動式媒介提供圖文並茂的充足信息，將挑起消費者購買的欲望。但對於消費者尋找信息動機低落，或是消費者需要不斷被提醒才會採取購買行動的金融服務，互動式媒介便沒有什麼影響力了。

網路金融互動式行銷是消費者主動找尋信息，因此金融企業必須在消費者選購或是搜尋信息前就建立品牌形象，才有機會將信息傳遞給消費者。在多種媒體並行，各有其特色和優勢的情況下，借助於電視及其他媒介預先建立起品牌形象，不失為一個好辦法。而當品牌形象一旦樹立起來，消費者願意主動瞭解金融服務特色時，互動式銷售便可利用其低廉的價格，提供詳盡的資料，充分發揮它的功能。

在網路金融互動式行銷中，當消費者提出信息需求時，金融企業應能夠做出即時反饋，而網路技術也使這點成為可能，如自動郵件反饋系統。另外，在消費者閱讀了金融企業的在線信息後，也必須為他們提供反饋信息的方式，以便與之建立聯繫。

### 9.2.2.4 「4C」行銷模式

網路金融行銷需要企業同時考慮消費者需求和企業利潤。以舒爾茲教授為首的一批行銷學者從消費者需求的角度出發研究市場行銷理論，提出了 4C[①] 組合。也就是說，企業關於 4P[②] 的每一個決策都應該給消費者帶來價值，否則這個決策即使能達到利潤最大化的目的也沒有任何用處，因為消費者在有很多商品選擇餘地的情況下，不會選擇對自己沒有價值或價值很小的商品。但反過來講，企業如果從 4P 對應的 4C 出發（而不是從利潤最大化出發），在此前提下尋找能實現企業利潤的最大化的行銷決策，則可能同時達到利潤最大和滿足消費者需求兩個目標。

在網路金融行銷中，金融企業和消費者之間的關係就變得非常緊密，甚至牢不可

---

[①] 4C 行銷理論（The Marketing Theory of 4Cs），是由美國行銷專家勞特朋教授（R. F. Lauterborn，1993）在 1990 年提出的，與傳統行銷的 4P 相對應的 4C 理論。它以消費者需求為導向，重新設定了市場行銷組合的四個基本要素：即消費者（Customer）、成本（Cost）、便利（Convenience）和溝通（Communication）。它強調企業首先應該把追求顧客滿意放在第一位，其次是努力降低顧客的購買成本，然後要充分注意到顧客購買過程中的便利性，而不是從企業的角度來決定銷售渠道策略，最後還應以消費者為中心實施有效的行銷溝通。

[②] 4P 是行銷學名詞，美國行銷學者麥卡錫教授在 20 世紀的 60 年代提出：產品（product）、價格（price）、渠道（place）、促銷（promotion）的市場行銷組合觀念，四個單詞的首字母組合成 4p。4p 理論是行銷策略的基礎。

破，這就形成了「一對一」的行銷關係，它始終體現了以消費者為出發點及企業和消費者不斷交互的特點，它的決策過程是一個雙向過程。

9.2.2.5 數據庫行銷方式

在新世紀，企業面對的不再是大眾市場，而是有個性的消費者。在網路金融時代，結合數據庫及網路及時互動的特徵，企業就可以針對個別的消費者，展開一對一行銷。

應該看到，如今的顧客更加重視關懷，失去顧客不但是服務質量的問題，更是顧客對服務不滿的反應。提供優良的服務，建立起顧客對金融企業的忠誠，就需要把消費者的價值觀念貫穿於金融服務的整個經營過程中，使金融企業的各個部門高度地整合起來，以顧客為中心開展工作；此外，消費者的需求、價值觀念又會在與市場環境的互動中不斷地改變著，而且這種變化的頻率越來越高。很顯然，傳統的單向溝通的行銷方式已經力不從心，需要新的雙向溝通的行銷方式取而代之，建立起顧客與企業間的長期穩定的互動關係。好在信息技術的發展為這種雙向溝通的方式提供了強有力的支持，信息共享使金融企業、顧客及各種環境因素融為一體，從而使能夠與顧客對話的數據庫行銷應時而生。

數據庫行銷是建立在直復行銷和關係行銷基礎上，充分體現全面質量管理原則，並借助於信息技術發展而日益強大起來的行銷方式。

（1）數據庫行銷將市場影響因素進行抽象的量化，經過系統的統計分析，準確進行市場的細分、定位，實施創造性、個性化的行銷策略。由於數據庫能夠不斷更新、不斷改造、及時反應市場的變化，因此它是金融企業掌握市場的重要途徑。

（2）數據庫行銷可以與消費者進行高效的、可衡量的、雙向的溝通，真正實現消費者對行銷的指導作用。

（3）數據庫行銷通過與顧客保持持久的甚至是終身的關係來保持和提升企業的短期和長期利潤。

（4）數據庫行銷通過數據庫與顧客的直接對話，依據顧客的價值觀建立起更具特色、更加個性化的品牌，把品牌管理變成「企業—顧客共同體」管理，使品牌更加具有生命力。

（5）數據庫行銷通過創造力、判斷力、直覺、團隊精神和洞察力，形成一種「親密感」，從而創造出一個系統性的、整合的行銷體系。

總之，數據庫行銷是技術與文化的交融，是過程與目標的結合，是消費者與企業的聯姻，它在網路金融行銷中將是一個被高度整合的行銷。

## 延伸閱讀：央行約談螞蟻金服提三要求 宣傳禁用「無現金」字眼

證券時報　孫璐璐 裴晨汐　2017 年 08 月 10 日

隨著越來越多的商戶拒收現金，以及微信和支付寶兩大巨頭近日推出規模空間的無現金行銷活動，將無現金支付的爭議推上了風口浪尖。與此同時，市場也在關注央行的態度。

證券時報記者從一央行內部人士處瞭解到，近日，央行總行對各分支行下發通知稱，最近一些地區推進的無現金支付方式或與螞蟻金服等合作創建無現金城市等活動，其中一些宣傳主題和做法干擾了人民幣流通，社會反響較大，對社會公眾產生較大誤解。央行要求各地抓緊行動，依法對不合適的提法、做法進行糾正和引導。

「央行武漢分行此前對轄內無現金城市周活動的及時糾正，得到了總行領導的認可，所以央行總行要求各分支行參照武漢分行的做法，加強對轄內無現金支付方式的指導。」上述央行內部人士稱。

不過，截至記者發稿前，央行尚未就相關內容做出正式回應。

向螞蟻金服提三點要求

今年年初，支付寶曾提出將推動中國在未來5年內進入「無現金社會」。8月1日至8日，支付寶宣布多個城市舉辦「無現金城市周」大規模行銷活動；同時，微信支付也宣布開啓「8·8無現金日」活動。為鼓勵消費者在線下消費時使用移動支付，支付寶和微信支付都投入巨資，以鼓勵金、代金券和返現紅包等形式，引導消費者加大對無現金支付手段的選擇。

就在兩大互聯網巨頭高調宣布推廣無現金支付活動的同時，央行也在密切關注並跟蹤事態的發展。據瞭解，央行副行長範一飛在7月24日至25日召開的央行2017年分支行行長座談會上就明確提出，「對社會上片面強調非現金支付的行為，要加強宣傳引導和規範」。

隨後，有部分分支行便針對轄內商戶拒收人民幣行為採取措施。根據媒體導，珠海一家面館因只接受手機支付而「謝絕現金」，被央行珠海支行認定為「拒收人民幣」的違法行為。央行珠海支行方面表示，「謝絕現金」的做法屬於拒收人民幣情形，是一種違法行為。消費使用任何一種電子方式支付都是可以的，但不可以拒絕現金支付，目前各種電子支付方式對現金使用有較大衝擊，該面館現象為新生現象，尚未有具體的法規進行懲處。

證券時報記者從上述央行內部人士處獲悉，7月底，央行武漢分行約談螞蟻金服公關部負責人，告知人民幣管理相關法律制度，明確提出三點要求：一是在「無現金城市周」活動中去掉「無現金」字眼；二是撤掉所有含有「無現金」字眼的宣傳標語；三是公開告知參與商戶不得拒收人民幣現金、尊重消費者支付手段的選擇權。

此外，為了得到其他政府部門的配合，央行武漢分行還致函武漢市政府，提請政府部門在宣傳「無現金城市周」活動中慎言「無現金城市」，協調當地工商部門對以「無現金城市」名義拒收人民幣現金的經營行為進行管理或處置，確保人民幣在武漢正常流通。

螞蟻金服低調改變

央行的約談和輿論的壓力對螞蟻金服產生了影響。記者發現，8月以來，螞蟻金服低調地將「無現金周」的說法改為了移動支付「黃金周」。8月1日到8日，支付寶打造了一場覆蓋範圍空前的移動支付普及活動，並對使用支付寶線下消費的商家進行獎勵。

與此同時，阿里巴巴旗下的線下生鮮超市盒馬鮮生也對曾經自己提出的「不收人

民幣現金」的規定作出調整。阿里巴巴新零售公關負責人對證券時報記者表示，為了更加便利老年群體消費，繼上海 10 家門店專設現金代付通道後，目前北京的兩家實體店也啟動了現金代付通道。

「移動支付提供了現金之外的一個補充，不論是老年人還是三四五線城市，不論是商業消費還是交通出行，人們擁抱移動支付的速度在不斷加快。」支付寶方面表示。此外，支付寶方面還表示，因為現金依舊是最基礎、通用的消費方式，支付寶也鼓勵合作商家為使用現金的消費者提供同樣的便利。

不過，從概念本身看，「無現金」這樣的提法確實存在不嚴謹和不科學的地方。中國人民大學重陽金融研究院客座研究員董希淼近日撰文表示，強調「無現金」，不但已經出現拒絕現金的行為，也容易讓普通老百姓誤以為現金會消失了。以是否使用現金為標準，通常可將支付分為現金支付和非現金支付。因此，下一步應該少用或不用「無現金」字眼，改用「非現金」支付。

配套制度亟待與時俱進

業內人士認為，輿論持續針對商戶拒收人民幣現金究竟是否合法進行熱議，背後實則反應的是制度落後於現實發展的尷尬。

一位研究央行政策的資深分析人士表示，按照《銀行法》以及《人民幣管理條例》，中國的法定貨幣就是特指人民幣紙幣和硬幣。通過微信和支付寶支付，實際是用人民幣存款來支付。而存款是一種金融工具，雖然作為貨幣來統計，但是本身並不是法定貨幣。

市場上也有不同的聲音稱，2000 年出抬的《人民幣管理條例》中的部分規定已經落後於現實發展，目前人民幣作為貨幣的定義範疇，已遠遠超過紙幣和硬幣等現鈔的概念，電子貨幣也應算是廣義現金的一種形式。

「目前監管部門內部對推廣非現金支付，甚至是一些商家拒收現金的行為，也未達到統一共識，畢竟原有的人民幣管理的相關制度條例已經落後於現實，有爭議也很正常。目前來看，在加強對支付機構監管和窗口指導，以及尊重市場發展方面，監管部門還是平衡得比較好。」一位接近央行的人士稱。

實際上，截至目前，央行仍未就非現金支付的爭議公開做出法律意義上的解釋和官方說明。即便最近連續有媒體援引央行有關人士的說法或觀點，但這些觀點尚未得到央行官方確認。

董希淼稱，在中國，未來很長一段時間內，多種支付結算方式將繼續共同存在。因此，在非現金支付體系建設過程中，一方面要肯定非現金支付的意義，加強支付結算知識普及，加強對各類支付結算方式的宣傳推廣，讓更多公眾瞭解各種非現金支付結算方式的特點；另一方面，要充分尊重公眾支付結算習慣，包括使用現金支付的習慣，由公眾自主選擇適合自己的支付結算方式。

國家圖書館出版品預行編目(CIP)資料

網路金融學 / 蒲麗娟、張瑤 主編. -- 第一版.
-- 臺北市：崧博出版：崧燁文化發行，2018.09

面 ; 公分

ISBN 978-957-735-466-2(平裝)

1.金融業 2.電子商務

562.19　　　　107015200

書　　名：網路金融學
作　　者：蒲麗娟、張瑤 主編
發 行 人：黃振庭
出 版 者：崧博出版事業有限公司
發 行 者：崧燁文化事業有限公司
E-mail：sonbookservice@gmail.com
粉絲頁　　　　　網　址：
地　　址：台北市中正區重慶南路一段六十一號八樓 815 室
8F.-815, No.61, Sec. 1, Chongqing S. Rd., Zhongzheng Dist., Taipei City 100, Taiwan (R.O.C.)
電　　話：(02)2370-3310　傳　真：(02) 2370-3210
總 經 銷：紅螞蟻圖書有限公司
地　　址：台北市內湖區舊宗路二段 121 巷 19 號
電　　話：02-2795-3656　傳真：02-2795-4100　網址：
印　　刷：京峯彩色印刷有限公司（京峰數位）

　　本書版權為西南財經大學出版社所有授權崧博出版事業有限公司獨家發行
　　電子書繁體字版。若有其他相關權利及授權需求請與本公司聯繫。

定價：250 元
發行日期：2018 年 9 月第一版
◎ 本書以POD印製發行